Karma-Ablösung

Wie Du mehr Liebe, Glück und Reichtum
in Dein Leben bringst

© 2013   Dragica Alsalk

ISBN: 978-3732245673
Herstellung und Verlag:
BoD - Books on Demand, Norderstedt

Einbandgestaltung: Andreas Schadegg
Bildrechte: Dragica Alsalk

Alle Rechte, insbesondere das Recht der Vervielfältigung und Verbreitung, sowie Übersetzung, vorbehalten. Kein Teil des Werkes darf in irgendeiner Form ohne schriftliche Genehmigung des Autors reproduziert, verarbeitet, vervielfältigt oder verbreitet werden.

Inhaltsverzeichnis

Danksagung 5

Vorwort von Goran Kikic 6

Mein Name ist Dragica Alsalk 13

Was ist Karma? 20

    Welche Arten von Karma gibt es? 26

    Die Sache mit der Wiedergeburt 28

    Auswirkungen von Karma 33

    Die Sache mit dem Zufall 33

    Die Sache mit der Eigenverantwortung 34

    Die Sache mit der Karma-Ablösung 36

    Auf unserer Festplatte – Unterbewusstsein – gespeichert 37

    Was geschieht bei der Karma-Ablösung? 38

    Ist Karma-Ablösung ein manipulativer Eingriff? 41

    Die Vorteile der Karma-Ablösung 42

Die Aufgabe der Göttlichen Seele 45

Zentrierung 52

Astralkörper-Reinigung 60

    Was ist ein Astralkörper? 60

    Der Emotionalkörper 60

    Der Mentalkörper 61

    Der Spirituelle Körper 61

    Was passiert bei der Astralkörper-Reinigung? 61

    Bei Süchten 63

    Bei hinderlichen Mustern, Glaubenssätzen und Überzeugungen 63

    Bei Parasiten, Viren und Bakterien 63

Wie Karma-Ablösung das Leben verschönert 65

    Karma weg, Gesundheit da 65

    Aus „Feind" wird Freund 68

    Alte Liebe neu entdeckt 71

    Von ganz unten auf Wolke sieben 74

    Frei von Medikamenten 75

    Innere und äußere Fülle 77

Das Leben nach der Karma-Ablösung 80

    UV-Licht aufnehmen 80

    Bewusste Ernährung 82

    Negative Energien auflösen 88

    Meditation (nach der Zentrierung) 88

    Lachen 89

    Affirmationen 90

    Sich seines Selbst bewusst sein 90

    Mehr fühlen, statt nur denken 91

    Destruktive TV-Einflüsse meiden 91

    Ein harmonisches Umfeld schaffen 92

    Harmonische Kommunikation 93

Lebe im HIER und JETZT 95

Fokus aufs Positive 101

Selbstliebe 106

Vergebung 113

Dankbarkeit 119

Toleranz und Wertschätzung Anderen gegenüber 125

Lebe authentisch 132

Ur-teilen 135

Macht Geld „unspirituell"? 146

Der Weg zum Erwachen 150

Die Welt verändern 154

Triff eine Entscheidung 158

Nachwort 162

Hinweis 165

Webseitenverzeichnis 166

Danksagung

Ein herzliches Dankeschön an alle Menschen die mir in meinem Leben Freude und Hilfe schenkten, und mich auch herausgefordert haben. Daran bin ich gewachsen und konnte meinen Weg gehen. Besonderer Dank an Jesus Christus, Metatron und allen Erzengel und Lichtwesen, die mich auf meinem Lebensweg unterstützt, begleitet und mit vielen jahrelangen Botschaften für die Menschen versorgt haben.

Herzlichen Dank an meinen lieben Schatz Andreas und einen besonderen Freund Goran Kikic für die tatkräftige Unterstützung, ohne diese Beiden gäbe es dieses Buch nicht.

In Liebe und tiefer Verbundenheit

Dragica

Vorwort von Goran Kikic

Das Buch in Deinen Händen ist sowohl ein Lese- als auch Übungsbuch. Es ist eine Hilfe zur Selbsthilfe, die sich mit folgenden Fragen befasst: Wieso suchen uns immer wieder Probleme und Krisen heim? Warum geraten wir immer wieder in unangenehme Situationen, die uns unser Dasein versalzen? Wieso erscheint uns das Leben oft als etwas Belastendes, als die endlose Schleife eines Überlebenskampfes? Stehen wir beim lieben Gott auf einer „Ich kann Dich nicht leiden-Liste"? Gibt es irgendwo im Universum eine „Schicksals-Verteilungsstelle", die darüber bestimmt, wie unser Leben auszusehen hat? Oder ist alles, was uns widerfährt, schlicht und ergreifend Zufall? Die Antwort auf all diese Fragen lautet:

Es liegt am Karma!

Jeder Mensch sammelt sich im Laufe der Zeit Karma an, indem er durch Gedanken, Gefühle sowie Handlungen Ursachen setzt. Diese Ursachen rufen Wirkungen hervor, die früher oder später zu uns zurückkehren in Form von Lebensumständen. Eine destruktive Lebensweise, auch in früheren Inkarnationen, beschert uns in der gegenwärtigen Inkarnation destruktive Lebensumstände (Krankheit, Unfälle, eine unglückliche Beziehung, Armut…). Es handelt sich um einen regelrechten Kreislauf, der uns schwer zu schaffen machen kann. „Keine besonders schönen Aussichten", höre ich Dich sagen? Mag sein, deshalb kommt nun der wichtigste Punkt meines Vorworts: Selbst die beschwerlichste Reise kann ein glückliches Ende haben. Wie? Indem man sich das Karma ablösen lässt, entweder als Therapie oder zur Vorsorge. Vorsorge? Du hast richtig gelesen. Es kann zwar sein, dass es Dir derzeit gut geht. Du kannst dem Schicksal aber zuvorkommen. Warum warten, bis es sich bei Dir meldet? Du kannst auch präventiv ein schlechtes Karma bereinigen lassen.

Durch meine Arbeit bei der Internet-Plattform www.spiritunlimited.de, auf der liebe Kollegen und ich Menschen wie Rüdiger Dahlke, Dieter Broers, Kurt Tepperwein, Michael Elrahim Amira, Robert Betz, Pierre Franckh, Manfred Mohr und viele andere interviewen, lernte ich im Jahre 2012 Dragica Alsalk, DEN Karma-Experten im deutschsprachigen Raum, als einen sehr freundlichen, tiefgründigen und kompetenten Menschen kennen und schätzen. Ich erhielt Einblick in ihre Arbeit und da ich auch einer jener Zeitgenossen bin, die immer wieder Probleme und Schwierigkeiten anziehen, die wie ein Stein im Schuh drücken, ließ ich mir kurz darauf mein Karma ablösen. Dazu muss ich anmerken, dass ich kein Mensch der Theorie bin, sondern jemand, der gerne alles in der Praxis erfährt. Zuvor habe ich bereits Hypnose, EFT, NLP, Yoga, Reiki und vieles mehr ausprobiert, doch irgendwie war noch nicht jene Hilfe dabei, die langfristig und so effektiv wirkte, wie ich es mir wünschte. Das änderte sich, als Dragica Alsalk die Karma-Ablösung und Astralkörper-Reinigungen bei mir vollzog. In mir machten sich eine Leichtigkeit und eine Unbeschwertheit breit, die ich bis dato noch nicht kannte. Auf diese Intensiverfahrungen folgte ein völlig neues Freiheitsgefühl und auch meine Lebensumstände wurden schöner. Für mich war das ein bewegendes Schlüsselerlebnis in meinem bisherigen Leben, welches mir Türen öffnete, die bislang verschlossen waren.

Wenn Du eine gesunde Portion Neugier hast wie ich und bereit bist, etwas für Dein Lebensglück zu tun, dann bleibst Du nicht am Alten kleben, sondern lässt es los und öffnest Dich neuem Wissen, das Dein Leben bereichert und Dein Leben von Grund auf zum Guten verändern kann. Wie das geht, liest Du in diesem Buch von Dragica Alsalk.

Ach ja, ich heiße übrigens Goran Kikic, bin Autor der Buchreihe „Das glückliche Taschenbuch" und wünsche Dir nun viel Lesevergnügen und zahlreiche neue Erkenntnisse. Es geht gleich los mit meinem Erfahrungsbericht.

Schokoladensucht ade

Ich weiß gar nicht mehr so genau, wann es anfing, aber irgendwann stellte ich fest, dass ich schokoladensüchtig, ein sogenannter „Schokoholic", war. Ich Leckermäulchen wurde regelmäßig vom Heißhunger auf die süßen Kalorienbomben übermannt und stand sogar nachts auf, um Mal eben ein oder zwei Tafeln Schokolade zu verputzen. Und das Schlimme daran war, dass meine „Droge" mein Bedürfnis nicht stillte, nein, sie machte beständig Lust auf mehr. Irgendwann gewöhnte ich mich daran, regelmäßig und zu bestimmten Zeiten zu meinem Suchtmittel zu greifen. Morgens Schokoladencreme aufs Brot, nach dem Mittagessen drei Schokoriegel und abends vor dem Fernseher nochmal zwei Tafeln. Ich war zwar immer ein klein wenig stolz auf mich, dass ich keinen Alkohol trank, nicht rauchte und auch, dass ich nicht sonderlich zunahm, aber all das lenkte mich nur von der Wahrheit ab, dass ich ohne das braune Zeug nicht mehr leben konnte.

Hatte ich gerade keine Schokolade im Haus, war ich übel gelaunt und machte mich sofort auf den Weg zum nächsten Kiosk oder Geschäft, um für Nachschub zu sorgen. Da wurde mir eines Tages klar, dass ich ohne meine „Droge" nicht mehr klar kam. Ich versuchte anstelle der Schokolade Obst zu mir zu nehmen, doch solche Maßnahmen griffen nicht wirklich und waren immer nur von vorübergehender Dauer. Frust machte sich breit und hätte ich damals für jeden trüben Gedanken einen Euro bekommen, wäre ich heute wohl der reichste Mensch der Welt.

Als ich mit Dragica über mein Problem sprach und sie mir sagte, dass sie mir dabei helfen kann, mich aus meiner Schokoladen-Abhängigkeit zu befreien, war das für mich bereits ein Hoffnungsschimmer. Zugleich benannte ich weitere Probleme, die mich belasteten:

- Innere Unruhe
  (meine Mutter erkrankte und das machte mir seelisch zu schaffen)

- Innere Unzufriedenheit
  (die machte sich meist dann bemerkbar, wenn etwas nicht so lief, wie ich es gerne hätte)

- Ungeduld
  (die immer dann auftauchte, wenn meine zahlreichen Projekte ins Stocken gerieten)

- Wut
  (die immer dann auftrat, wenn ich an bestimmte Ereignisse aus meiner Vergangenheit zurück dachte)

Ich wusste, dass in solche Energien zu geraten, keine „Über-Nacht-Erscheinung" war, sondern ein schleichender Prozess, der durch die falschen Glaubenssätze und nach der eisernen Logik der kosmischen Naturgesetze von mir selbst manifestiert wurde. Und damit meine ich nicht nur ein Prozess in dieser Inkarnation, sondern auch in früheren Erdenauftritten. Aber es wissen und sich davon zu befreien, ist zweierlei. Also verabredeten sich Dragica, ihr Lebensgefährte Andreas und ich zu einer Astralkörper-Reinigung. Die einmalige Karma-Ablösung hatte ich an mir ja bereits durchführen lassen und diese hatte Süchte aller Art aus früheren Leben abgelöst. Die Astralkörper-Reinigung holte die restlichen Energien heraus und bereinigte alle Schichten. Auf den ersten Blick nichts Außergewöhnliches, doch auf einer tieferen Ebene bewirkte dieses Ereignis sehr viel in mir.

Es dauerte keine Woche, bis ich bemerkte, dass der Drang nach Schokolade nicht mehr da war. Ich konnte es kaum glauben und versuchte in mich rein zu fühlen, wo sie denn geblieben ist, die Lust auf Pralinen und andere Schokoerzeugnisse, aber Fehlanzeige. Es war nichts da. So, als sei sie nie existent gewesen. „**Wahnsinn**", dachte ich voller Faszination. Das war für mich ein absoluter Augenöffner, was mit der Karma-Ablösung sowie der Astralkörper-Reinigung alles möglich ist. Es hoben sich viele Schleier und ich sah rückblickend viele Lebenssituationen in einem gänzlich neuen Licht. Ich erkannte welch bedeutende Rolle das Karma in unserem Leben spielte, dass nahezu alles möglich ist, wenn man sich durch Karma-Ablösung davon befreite und was sich dadurch für positive Veränderungen im Leben einstellen können. Veränderungen, die man zuvor nicht einmal ansatzweise in Erwägung gezogen hätte. Das muss man einfach selbst erleben, dafür gibt es keine Worte. Da liest man so viele Ratgeber und Tipps in Büchern und im Internet, aber nirgends steht: Betreiben sie eine Karma-Ablösung und/oder eine Astralkörper-Reinigung. Ich wusste nun für mich, dass alles darauf beruht und dass es weit mehr Möglichkeiten gibt, als man gemeinhin glaubt. Die Lebensfreude, die ich in meinem Leben durch diese beiden „Universal-Wundermittel" erreichte, hätte ich mir ein paar Monate zuvor nicht einmal träumen lassen. Ich wusste vorher nicht, dass ein glücklicher Weg so einfach und so schnell zustande kommen kann. Und hat man erst einmal diesen Weg eingeschlagen, gibt es kein Zurück mehr.

Was war mit den übrigen Problemen?
Die Veränderungen erfolgten nicht von einem Tag auf den anderen, sondern das Ganze war ein Prozess, der Spaß machte und mehrere Wochen in Anspruch nahm, dafür aber umso gründlicher war. In den darauffolgenden Wochen nach der Astralkörper-Reinigung fühlte ich mich leichter und unbeschwerter. Diese Unbeschwertheit machte mich im Denken wieder zu einem Kind. Ich träumte wie ein Vorschuljunge und kannte keine Grenzen, keine einschränkenden Sichtweisen, alles war

möglich, nichts war unmöglich. Meine innere Unruhe, Unzufriedenheit, Wut und Ungeduld waren spurlos verschwunden und eine Nachsendeadresse hatten sie nicht hinterlassen. Und dieser Moment, in dem ich das zum ersten Mal bewusst wahrnahm, war einfach wahnsinnig SCHÖN!!! Das war mir mehr wert als alles Geld der Welt (nochmals vielen Dank, liebe Dragica). Ich dachte nur noch: „Mann, wie supermegaklasse ist das denn!?!" Und mir wurde klar: „Man kann etwas bewegen, soviel steht zweifellos fest!" Mir ging es nach der Karma-Ablösung und der später erfolgten Astralkörper-Reinigung so gut wie selten zuvor in meinem Leben, ich fühlte mich durch und durch wohl, strahlte pure Freude aus und lächelte die ganze Welt an. Plötzlich war auch alles zuvor ach so „Schlimme aus der Vergangenheit" überhaupt nicht mehr so wichtig. Sogar meine Träume veränderten sich und wurden immer harmonischer. Und ich ertappte mich immer wieder dabei, wie ich mehrmals täglich innerlich sang: „It' s a beautiful life!" Mich hatte auf einmal die pure Lust am Leben gepackt. Kennst Du das Gefühl, wenn Du Dich vollkommen frei, unbeschwert und happy fühlst? Alles ist nur noch schön und positiv? Genau so ging es mir. Es ist sicherlich schwer, das Gefühl meiner Freude nachzuvollziehen, wenn man es noch nie selbst in einer solchen Intensität erlebt hat. Solch ein schönes Erlebnis lebt noch dann in der Erinnerung fort, wenn das Ereignis selbst schon eine Weile vorüber ist. Worte können dem Verstand etwas beschreiben, doch solange das Gefühl dabei fehlt, hat man es nicht wirklich verstanden. Ich hoffe meine Worte können auch nur ansatzweise die unbeschreibliche Steigerung meiner Lebensfreude vermitteln, die ich damals erlebte. Ich war der Vogel, der gerade daran erinnert wurde, dass er fliegen kann, ja, schon immer fliegen konnte und es auch sollte, weil es seine Natur ist.

Ein paar Wochen später war ich auf einem Seminar, auf dem energetisch innere Blockaden aufgelöst werden. Es war nicht das erste Mal, dass ich solche Sitzungen besuchte, aber was dann kam, war eine totale Premiere: Es gab bei mir keine Blockaden, ich war vollkommen blockadefrei. Und ja, genau so fühlte ich mich, ich wurde zu Musik vor Freude. So ganz nebenbei verliert man nach einer Astralkörper-Reinigung / Karma-Ablösung im Laufe der Zeit auch immer mehr Ängste, was nicht weiter verwunderlich ist, da Angst aufgrund des Gefühls der Hilflosigkeit entsteht – man kommt sich als ein Opfer der eigenen Gefühle vor. Weiß man aber erst einmal, dass man durch eine Karma-Ablösung sowie eine Astralkörper-Reinigung etwas unternehmen kann, verschwindet die Angst automatisch. Sie passt nicht mehr zum neuen SEIN. Ich habe es selbst erlebt. Lohnt sich der „Aufwand"? Die Antwortet lautet: Ein tausendfaches JAAAAAAAAAAAAAAAAA!!!

Seit den „Behandlungen" achte ich immer mehr auf meine Gedanken und Gefühle, ich begann mich völlig umzuorientieren, denn ich hatte keine Lust, mir durch das Ursache-Wirkung-Prinzip das nächste Karma zu schaffen. Von nun an war das Wetter immer schön, nur die Kleidung manchmal unangemessen. Das Glas war immer halb voll, nicht halb leer. Ja, ich fühlte mich wohl in meiner Welt, ich war in meinen Gedanken ein echtes Glückskind, das Universum meinte es gut mit mir und alles war perfekt. Lieber Freund, ich will Dir mit meinem Beispiel einfach nur sagen: Alles ist machbar, das Lebensglück ist realisierbar und es ist dafür nie, nie, nie zu spät! Alles kann und wird sich zum Guten drehen, wenn wir es von Herzen wollen, fest daran glauben und -GANZ WICHTIG- dafür etwas tun.

Tja, das ist meine Geschichte, mein ganz persönliches kleines Wunder, welches ich bei Dragica erleben durfte. Wenn mich heute jemand fragen würde, wie ich mich gerne sehen würde, dann wäre meine Antwort: „Ganz genau so, wie ich jetzt bin!!!" Dieser Satz käme wie aus der Pistole geschossen, von einem glücklichen und freudestrahlenden Goran. Ich hoffe, dass es Dir auch so geht und Du unendlich viele solcher Glücksmomente zukünftig erleben wirst!
Goran Kikic, Buchautor

Mein Name ist Dragica Alsalk

Hallo lieber Leser,

ich freue mich, Dich nach dem ersten Erfahrungsbericht aufs Herzlichste zu meinem Buch „Karma-Ablösung" zu begrüßen.

Mein Name ist Dragica Alsalk, ich bin ein lebensfroher und optimistischer Mensch, der sich fest vorgenommen hat, Dir dabei zu helfen, Dein Leben glücklicher zu gestalten. Und ich gehe einfach einmal davon aus, dass Du glücklich sein willst, ebenso wie alle anderen Menschen auf dieser wunderschönen Welt auch. Was höre ich Dich da sagen? Wenn Du von „glücklich sein" sprichst, dann meinst Du **dauerhaftes** Lebensglück, frei von Zweifeln, inneren Ängsten und Unsicherheiten? Na super, denn genau das meine ich auch und somit bist Du hier goldrichtig.

Vielleicht kennst Du mich bereits aus einem meiner zahlreichen (oft kostenlosen) Webinare, die sich mit den Themen „Karma", Astralkörper-Reinigung, Liebe, Vergebung und vielem mehr befassen. Die große Anzahl liebevoll verfasster E-Mails meiner Seminarteilnehmer haben mich veranlasst, mein Wissen nun in Form eines gebundenen Buches heraus zu bringen.

Wie der Buchtitel bereits sagt, geht es um „Karma-Ablösung", allerdings hätte ich das Buch auch „Der Weg zu einem glücklichen Leben" nennen können – denn um nichts anderes geht es bei der Karma-Ablösung: Das eigene Leben so zu ändern, dass es einem wieder richtig Spaß macht, dass man wieder frei und glücklich atmen kann und das Leben als eine wundervolle Sache sieht. Die eigenen Lebensumstände ändern klingt schwer? Nur keine Sorge. Grundsätzlich ist es für jeden Menschen dank Karma-Ablösung möglich, sein Leben zu verändern (manchmal sogar weitaus schneller, als man ahnt). Karmische Bindungen sorgen dafür, dass wir mit unseren Taten aus der Vergangenheit konfrontiert werden und für gewöhnlich darunter leiden. Man hat dabei oft das Gefühl, das Leben drehe sich im Kreise und dass man von einer Krise in die nächste stürzt. Wie schaut es bei Dir aus, lieber Leser? Erkennst Du bei Dir vielleicht immer wiederkehrende Situationen in Sachen Gesundheit, zwischenmenschliche Beziehungen oder Finanzen, die Dir Probleme bereiten? Das wollen wir ändern, nur darum wurde dieses Buch geschrieben. Es mag sein, dass Dir Deine jetzigen Probleme riesengroß erscheinen, aber bedenken wir dabei, dass es keinen Berg gibt, der sich nicht erklimmen lässt, dass es keine Mauer gibt, die nicht umgangen werden kann und dass es keinen Fluss gibt, über den nicht eine Brücke führt. Es ist auch kein Hindernis, wenn man bereits seit langer Zeit bestimmte destruktive Überzeugungen in sich trägt und sie sehr gefestigt zu sein scheinen. Es ist auch keine unüberwindbare Hürde, wenn man eine schlimme Kindheit hatte und in einem disharmonischen Umfeld aufgewachsen ist, es lässt sich alles transformieren.

„Alles ist möglich, alles ist veränderbar."
Harald Wessbecher

Und das Schöne dabei ist, dass der Weg dahin weder lang noch schwer sein muss. Was mich dafür prädestiniert, dies so sicher zu sagen? Die Eigenerfahrung! Die nachfolgenden Seiten sind nicht einfach so geschrieben worden, nein, sie sind von mir gelebt worden. Ich bezeichne mich selbst als Praktikerin, die nicht nur theoretisches Wissen weitergibt, sondern alle im Buch beschriebenen Methoden an sich selbst getestet und angewendet hat. Du erhältst somit Wissen aus erster Hand. Die Ablösung meines eigenen Karmas hatte eine tiefgreifende Wirkung auf mein Wesen, indem es mich liebevoller, offener, gefühlsbetonter, zuversichtlicher, geduldiger und mental stärker gemacht hat. Jahrelange Probleme lösten sich auf, als seien sie nie existent gewesen. Das führte unweigerlich dazu, mein Leben mehr zu genießen und es jeden Tag aufs Neue zu umarmen. Diese Entwicklung setzt sich bei mir bis heute fort und dafür bin ich sehr dankbar. Ich weiß nicht, wo Du Dich gerade im Leben befindest und wie weit Du es bis zu Deinem Lebensglück noch hast, aber mein Buch soll Dir dabei helfen, diesen Weg schnell, genussvoll und voller neuer Einsichten zurück zu legen. Darum möchte ich Dir mit dem vorliegenden Buch Techniken und Wegweiser für die bewusste Gestaltung Deines Lebens in die Hand geben, durch die Du vielleicht zum ersten Mal im Leben wirklich frei wirst und Macht über Deine Existenz erlangst. Mein Motto lautet: In einem selbstbestimmten und wirklich freien Leben haben karmische Fesseln, Negativprägungen, innere Blockaden und mentale Sperren aus vergangenen Zeiten, die dem Lebensglück im Wege stehen, nichts verloren.

Mein Buch hat es sich zur Aufgabe gemacht, Dir vor Augen zu führen, wie wichtig es ist, tägliche Übungen zu machen, sich zu zentrieren und in die Liebe zu gehen. Es kommt auf den folgenden Seiten eine geballte Ladung an Wissen, Informationen und motivierenden Erfahrungsberichten auf Dich zu, die alle zu Eigenaktivität motivieren. Es geht hierbei zu erkennen, wie wir Menschen beschaffen sind und nach welchen kosmischen Gesetzmäßigkeiten die Schöpfung „funktioniert". Und das ist von fundamentaler Bedeutung, denn wenn man die Gesetze des Lebens nicht kennt, dann ist das so, als würde man mit einem Wagen durch die Gegend fahren, ohne die Verkehrsregeln zu kennen. Dass dies kein gutes Ende nehmen kann, braucht man sicher nicht zu betonen. In-FORM-tionen haben die Aufgabe, uns in Form zu bringen und damit meine ich in die richtige mentale Form, die uns in die Lage versetzt, unser Leben von Grund auf zum Guten zu wandeln. Das Buch soll deshalb nicht nur Deinen Verstand ansprechen, sondern vor allem Dein Herz, weil jede Veränderung nur aus dem Herzen erfolgen kann.

Kommen wir nun zu der Frage, wie es dazu kam, dass ich mich mit spirituellen Themen wie Karma-Ablösung befasse. Dazu muss ich weiter ausholen.

Bereits während meiner Kindheit zeigten sich erste Anzeichen meiner Hellsichtigkeit. Jedoch empfand ich diese „Gabe" weniger als Segen und mehr als etwas Belastendes. Der Grund dafür war die Reaktion meiner Umwelt. Ich wurde ausgelacht und als Träumerin hingestellt. Das Ganze ging nicht spurlos an mir vorbei und besonders in Kinderjahren, in denen man unschuldig auf die Realität des Lebens prallt und beginnt, eine Persönlichkeit zu entwickeln, ist es sehr schwer, als Außenseiterin klar zu kommen. Darum ignorierte ich meine hellsichtigen Fähigkeiten und nahm sie über Jahre hinweg nicht an. Ich versuchte so „normal" wie möglich zu sein, um von den Anderen akzeptiert zu werden.

Im Alter von zwanzig Jahren musste ich aufgrund eines gesundheitlichen Notfalls operiert werden. Es war keine leichte OP und mein Leben hing am sprichwörtlichen seidenen Faden. Mein Zustand war dermaßen kritisch, dass sogar der operierende Arzt über zwölf Stunden an meinem Bett saß und um mein Leben bangte. Doch ein „Gutes" hatte dieses Ereignis: Es war der Auslöser, dass ich wieder mit der geistigen Welt verbunden war. Aus irgendeinem Grund erschienen mir wieder vermehrt Visionen. Seit diesem Zeitpunkt war mir klar, dass meine hellseherische „Gabe" ein Geschenk war und dass ich dieses Geschenk dankbar und demütig annehmen und leben soll. In der darauffolgenden Zeit tat sich viel: Wesenheiten wie Jesus und Metatron, Erzengel und aufgestiegene Meister erschienen vor mir, so dass ich sie mit offenen Augen und am hellichten Tage sehen konnte. Sie alle unterstützten und unterrichteten mich, damit ich meinen mir vorbestimmten Weg gehen konnte. Zu meinem Weg gehörte auch die Erkenntnis, dass es wichtig ist, meine Gabe stetig weiter zu entwickeln und sie mit meinen Mitmenschen zu teilen. Ein Geschehen aus dieser Zeit spielt eine besonders wichtige Rolle in meinem Leben. Ein guter Bekannter, der sich bereits ein Leben lang mit

Spiritualität auseinandersetzte, empfahl mir einen Amethysten zu kaufen, da er mich dabei unterstützen würde, den Kontakt zur geistigen Welt zu halten. Gesagt, getan. Ich kaufte mir den Amethysten und befolgte auch den Rest der Empfehlung: Ich setzte mich hin, um zu meditieren. Den Amethyst positionierte ich dabei auf meinem Kopf, damit er die Öffnung des Scheitelchakras begünstigt.

Nach einer Weile fühlte ich meinen Körper nicht mehr und verlor auch jegliches Zeitgefühl. In meiner darauf folgenden Vision erschien ein Fenster, öffnete sich und ein Berg kam zum Vorschein. Als würde man mit einer Kamera auf den Berg zoomen, wurde dieser immer größer. Das ganze betrachtete ich von oben aus der Vogelperspektive. Um den Berg zogen sich schwarze Wolken zusammen und es donnerte. Als ich mich dem Berg näherte, konnte ich drei Kreuze erkennen. Halt. Das stimmt nicht ganz, denn es war noch mehr zu sehen. Es waren drei Männer zu sehen, die gekreuzigt waren. Mir stockte der Atem. Die Szene hatte mich vollkommen in ihren Bann gezogen und ich konnte erkennen, dass zwei Frauen vor den Kreuzen knieten. Eine davon weinte bitterlich und rief zu einem der gekreuzigten Männer: "Ich liebe dich." Und der gekreuzigte Mann gab zur Antwort: "Es ist vollbracht." Es war sonderbar. Obgleich er gekreuzigt war und blutete, war in seiner Stimme keine Todesangst zu hören. Doch das Sonderbarste kommt erst noch. Es mag für Dich unglaublich klingen, doch ich erkannte die Frau, die zum Gekreuzigten "Ich liebe dich" rief. Meinem Verstand erschien es völlig unmöglich, aber es gibt viele Phänomene, die jenseits der verstandesmäßigen Beweisbarkeit liegen. Nun, ich will es nicht allzu spannend machen: DIE FRAU WAR ICH. Obwohl sie äußerlich anders aussah, gab es keinen Funken Zweifel. ICH war die Frau, die dort kniete und trauerte. Das war so sicher wie das Amen in der Kirche, da gab es kein Vertun. Das Gefühl war untrüglich und während ich die Szenerie betrachtete, bemerkte ich, dass sie mir bekannt vorkam, als sei sie eine Erinnerung. Dann plötzlich veränderte sich die Vision. Ein anderer Ort, eine andere Zeit. Ich hörte das Geräusch stampfender Füße. Vieler stampfender Füße. Und etwas Metallisches. Was war das? Ich konnte es nicht einordnen. Ich sah ängstliche Menschen mit in Panik weit aufgerissenen Augen, die fluchtartig in alle möglichen Richtungen liefen. Und ich hörte sie schreien: "Die Römer kommen! Die Römer kommen!" Und dann sah ich sie: Römische Legionäre. Bewaffnet bis an die Zähne. Gnadenlose Blicke und Mordlust. Ich war angesichts des Gesehenen wie paralysiert, denn ich spürte die Todesangst der fliehenden Menschen. Und wieder veränderte sich das Bild. Zum Glück. Nun befand ich mich in einer Höhle, einer kleinen und schwach beleuchteten Höhle. Vor mir sah ich eine steinerne Liege. Sie war leer. Davor stand die Frau, die bereits vor dem Kreuz kniete, also ICH (in einer früheren Inkarnation). Plötzlich erstrahlte die gesamte Höhle in gleißendem Licht. Und der gekreuzigte Mann aus meiner ersten Vision schwebte in der Luft. Er trug ein weißes Lichtgewand und obwohl die Höhle nicht hoch war, so schien er mehrere Meter über der Frau zu sein. Er hatte etwas Beruhigendes, etwas Wohltuendes an sich, eine innere Güte, die sich in seinem gesamten Wesen bemerkbar machte. Dann hörte ich ihn die Worte sprechen: "Weine nicht, alles ist gut, gehe heim." Das Licht füllte die gesamte Höhle und es hatte eine faszinierende Wirkung. Das Gefühl der Trauer, welche bislang vorherrschend war, schwand plötzlich. Ich fühlte mich, als würde ich in purer Liebe baden, ich spürte eine unendlich große Erleichterung und Entzücken in mir. Es war, als wäre die Zeit stehen geblieben und in mir waren Licht, Liebe, Frieden und Bewusstheit. Ein ganz besonderer, ein magischer Moment.

Und dann verschwand auch dieses Bild. Es folgten keine weiteren. Ich spürte meinen Körper langsam wieder. Es fiel mir schwer, meine Augen zu öffnen, aber nach einer Weile gelang es mir. Der Amethyst befand sich weiterhin auf meinem Kopf. Ich verharrte noch eine Zeit lang in meiner Position und versuchte mich zu sammeln. Das, was ich gerade erlebt hatte, war das Unglaublichste, was mir bis damals je widerfahren war. Ich war ebenso erstaunt wie innerlich berührt. Tags darauf rief ich eine gute Freundin an und erzählte ihr von meinen Visionen. Sie hörte mir geduldig zu und meinte: "Dragica, du solltest einen Blick in die Bibel werfen." Da ich als ehemalige Bürgerin eines sozialistischen Staates (ehemaliges Jugoslawien) keine Bibel besaß, machte ich mich auf den Weg zu meiner Freundin. Kaum war ich dort angekommen, gab sie mir ihre Bibel. Meine Hände zitterten vor Aufregung, während ich mich durch die Seiten blätterte und dann die entsprechende Textstelle fand. Ich sah, dass ich Maria Magdalena war. Und die andere Frau war Maria Mutter Jesu. Und der Gekreuzigte, zu dem ich sprach und den ich später schwebend und hell leuchtend in der Höhle sah, war niemand anders als Jesus. Diese Erkenntnis tat mir richtig gut, die Energie, die ich dabei spürte, erneuerte und erfrischte mich. Und irgendwie fühlte ich mich mit allen Menschen, mit allem SEIN verbunden.

Meine Sicht auf die Schöpfung war nichts Trennendes, nein, ich betrachtete Seele, Geist und Körper als eins. Durch mein ganzheitliches Weltbild interessierte ich mich für viele Themen und so führte mich mein Ausbildungsweg als Mutter von fünf Kindern von der Ernährungsberaterin über Yoga- und Meditationskursleiterin bis hin zu Heiler-Ausbildungen. Es liegen nun mittlerweile über zwanzig Jahre Erfahrung an Seminaren zur Selbstverwirklichung und Coaching als Trainerin und Speaker in Deutschland, Österreich, der Schweiz, den Niederlanden, Bali und den USA hinter mir, die mir sowohl beruflich als auch privat viel gegeben haben. All das habe ich im vorliegenden Werk zusammengefasst. Ich wünsche mir sehr, dass mein Buch Dir Freude bereitet, Dein Herz erreicht und Dir dabei eine Hilfe ist, das gewünschte Lebensglück Wirklichkeit werden zu lassen. Warten wir nicht länger auf glückliche Veränderungen, sondern gehen sie aktiv an. Lassen wir unser Lebensglück nicht länger warten und begeben uns ohne Umschweife in das nächste Kapitel.

Was ist Karma?

Bevor ich näher auf die Karma-Ablösung eingehe, sollten wir uns zuallererst mit ein paar Grundbegriffen befassen. Sicherlich hat jeder schon einmal den Begriff „Karma" gehört (das Wort Karma kommt aus dem Sanskrit und kann mit „Rad" übersetzt werden). Es wird oft umgangssprachlich oder auch in Filmen gesagt: „Er hat ein schlechtes Karma." Damit meint man für gewöhnlich, dass jemand Unglück anzieht, dass einem nichts gelingt, dass man vom Pech verfolgt wird.

Im Grunde geht es beim Karma darum, dass Gleiches stets Gleiches anzieht - im Geistigen wie im Materiellen. Man kann es das Gesetz von „Ursache und Wirkung" oder „was du säst, das wirst du ernten" nennen. Mancher Leser kennt das in Rede stehende Gesetz des Karmas auch unter den Namen Gesetz der Anziehung (law of attraction), Resonanzgesetz, Kausalitätsgesetz oder Affinitätsgesetz. Ebenso passt die Bezeichnung „Gesetz des Ausgleichs". Es handelt sich dabei um ein allumfassendes kosmisches Naturgesetz, welches zum Ausdruck bringt, dass jede Aktion eine bestimmte Energie erzeugt, die mit gleicher Intensität zum Ausgangspunkt, also zum Erzeuger, zurückkehrt. Ein Beispiel zur Verdeutlichung: Rufe ich das Wort „Liebe" in den Wald, so schallt das Echo auch das Wort „Liebe" zurück. Gebrauche ich hingegen das Wort „Hass", so wird mir das Echo das Wort „Hass" zurück bringen. Eigentlich ganz einfach zu verstehen. Dass wir immer mit den Konsequenzen unserer Ursachen leben müssen, ist nicht wirklich etwas Neues. Man kennt dieses Prinzip aus dem Alltagsleben. Bin ich unhöflich zu jemandem, wird diese Person mir auch nicht gerade mit Freundlichkeit begegnen. Ernähre ich mich ungesund, wird sich das irgendwann in dem einen oder anderen Krankheitssymptom bemerkbar machen. Vernachlässige ich meine zwischenmenschlichen Beziehungen, werde ich früher oder später das entsprechende Feedback dazu erhalten.

Ich gehe nun einen Schritt weiter und behaupte, dass jeder einzelne Gedanke und jedes einzelne Gefühl ebenso eine Ursache darstellt, die sich eines Tages als Wirkung in unserem Leben äußern wird.

Als kleine Unterstützung dieser Behauptung stelle ich Dir einige Zitate von prominenter Seite vor, die Dich zugleich auf die schöpferische Macht Deiner Gedankenwelt einstimmen sollen:

„Alles in unserem Leben ist die sichtbare Manifestation unserer Gedankenformen, die wir bewusst oder unbewusst produziert haben."
John Randolph Price

„Unser Geist ist es, der unsere Welt erschafft."
Dalai Lama

„Mit der Kraft der Gedanken bestimmen wir nicht nur über Gesundheit und Krankheit, sondern unsere Gedanken sind unser Schicksal. Das ist eine Gesetzmäßigkeit, der sich keiner entziehen kann; aber gleichzeitig eine wunderbare Chance."
William James

*„Unsere Gedanken sind die Saat.
Unsere Lebensqualität ist die Ernte."*
Walter Karutz

„Wir sind, was wir denken. Alles, was wir sind, entsteht aus unseren Gedanken. Mit unseren Gedanken erschaffen wir die Welt."
Buddha

„Was wir anderen zufügen, fügen wir uns selbst zu."
Ralph Waldo Emerson

Es verhält sich also so, dass die Art und Weise, wie wir denken und fühlen, wie wir uns selbst und die Welt sehen, die Bausteine unseres eigenen Lebens sind. Es reicht somit der bloße Gedanke, unseren Chef oder die Schwiegermama zum Mond zu schießen, ohne es tatsächlich zu tun, um aus dieser destruktiven Energie destruktive Lebensumstände zu manifestieren. Handlungen, die wir selbst begangen haben, werden wir selbst erfahren. Vereinfacht auf den Punkt gebracht: Negative Handlungen führen uns zur Erfahrung von Leid. Bereits Jesus sagte: „Wer mit dem Schwert kämpft, wird durch das Schwert umkommen." Heilsame Handlungen führen uns zur Erfahrung von immerwährender Freude und Glück.

Wie aber ist es möglich, dass unsere Gedanken und Gefühle unser Leben erschaffen? Im Grunde relativ einfach. Werfen wir dazu einen Blick hinter die materielle Kulisse unserer Welt: Die Quantenphysik geht davon aus, dass jedwede Materie im Grunde nichts anderes ist als die Ansammlung von Schwingungen, die wir durch unsere eingeschränkten Sinne als feste Körper sehen. Teilt man alle Dinge in immer kleinere Bestandteile, stellt man irgendwann fest, dass alles aus Teilchen und Welle besteht – auch wir Menschen. Und wenn alles, was existiert, aus demselben „Material" besteht, dann gibt es keine Grenzen zwischen uns. Alles ist verbunden, alles ist eins. Es geht mir darum, diese Wahrheit in tiefstem Verständnis anzunehmen, sie in der ganzen Fülle ihrer Wichtigkeit zu verstehen.

„Nie gab es etwas außerhalb von dir und nie wird dem so sein.
Das Unendliche offenbart sich – ein Freudenfest,
wenn du erkennst: Du bist das EINE"
H. Palmer

Dass alles eins ist, zeigt uns auch folgendes Beispiel: Gesteinsproben aus dem All weisen dieselben chemischen Komponenten auf, die auch in Mineralien und Bäumen auf der Erde vorzufinden sind. Dieselben chemischen Komponenten sind in anderen Konstellationen auch im menschlichen Organismus vorzufinden. Das ist nicht weiter verwunderlich, da alles aus derselben Quelle gekommen ist. Forscher und Wissenschaftler wie Reich und Messmer haben bereits vor geraumer Zeit die Theorie eines pulsierenden Urenergie-Ozeans entworfen, der das ganze Universum erfüllt. Alles und jeder ist ein Puzzlestück dieser großen, unendlichen, unzerstörbaren und unsterblichen Energiesuppe, jedoch mit unterschiedlichem Bewusstsein. Oder wie nordamerikanische Indianerstämme zu sagen pflegen: *„Gott schläft im Stein, träumt in der Pflanze, erwacht im Tier und handelt im Menschen."*

Das universelle Bewusstsein drückt sich in den unterschiedlichsten Formen aus. Jeder von uns ist eine individuelle Ausdrucksform dieser Energie, die man auch SCHÖPFUNG nennt. Machen wir uns das einmal so richtig klar: Woraus immer die Luft ist, die Erde, die Bäume, die Flüsse, Steine, Gräser, Häuser, Tiere, Mineralien - all das ist auch Teil unseres Körpers und macht uns alle zu Wesensverwandten. Bemerkenswert ist es, dass bereits nordamerikanische Indianer, andere Naturvölker und spirituelle Meister aus allen Teilen der Welt zu dieser Erkenntnis kamen, sie jedoch in weniger wissenschaftliche Worte kleideten. Hier schließt sich der Kreis zwischen Wissenschaft und Esoterik, die beide auf verschiedenen Wegen zu derselben Einsicht kamen. Im Grunde sind Esoterik und Wissenschaft zwei Seiten derselben Medaille.

Die wesentliche Natur aller existierenden Objekte ist also formbare Energie. Und da auch wir ein Teil dieses Energiemeeres sind, so dass auch wir aus dieser intelligenten und bewussten Energie bestehen, können wir das Energiemeer (unsere Welt) durch unsere Gedanken und Gefühle lenken, kneten und formen. Jedes Gefühl und jeder Gedanke, die wir aussenden, verlässt uns als eine manifestierende und ver-URSACHE-nde Schwingung (oder auch Energiekörper), die sich ver-WIRKLICH-en will und auf der Oberfläche des unendlichen Energiemeeres Kreise hinterlässt. Unsere ureigene Schwingung setzt sich aus dem zusammen, was wir denken, fühlen, sprechen und tun. Diese Schwingung bleibt in Form von Inhalt, Intensität und emotionaler Beschaffenheit erhalten, ist eine von uns gesetzte Ursache und kehrt nach einer bestimmten Zeit wie ein Bumerang als Wirkung zu uns zurück, und zwar in Form eines Lebensumstandes, der auf derselben energetischen Ebene liegt. Dabei gilt: Je beständiger und emotionaler unsere Schwingung ist, desto wahrscheinlicher verwirklicht sie sich. Schenken wir ihr hingegen nur wenig Aufmerksamkeit, wird sie sich im Laufe der Zeit verflüchtigen.

Alle Gedanken, Gefühle, Erfahrungen und Glaubenssätze sind demnach Energie, werden in Form einer Schwingung ausgestrahlt und erzeugen in der Außenwelt Widerhall. Wenn es Dir hilft, dann kannst Du Dir Gedanken und Gefühle auch als unsichtbare Strahlen vorstellen (wie z.B. Röntgenstrahlung), die „anziehender" Natur sind (wie z.B. Magnetwellen) und die wir ununterbrochen aussenden. Wir sind ein lebender, menschlicher Magnet, der durch seine Schwingung nur Menschen, Ereignisse, Situationen und Informationen anzieht, die mit ihm in Resonanz stehen. Mit anderen Worten: Denken wir positiv, ziehen wir Positives an. Und denken wir negativ, ziehen wir Negatives an. Willst Du jemandem etwas Gutes tun, ziehst Du Gutes an. Wenn Du jemanden hasst, sendest Du eine „Hass-Schwingung aus", ziehst Hass an und bist für Liebe nicht empfänglich. Man kann also immer nur das anziehen, womit man in Resonanz steht (Resonanz bedeutet „Widerhall").

Mit einer Hass-Schwingung erzeugt man ein Leben, welches man früher oder später selbst hassen wird. Ein schlechter Architekt kann nun einmal keine schönen Häuser bauen und eine schlechte Schwingung kann keine guten Lebensumstände erzeugen. Nichts im Leben widerfährt uns oder stößt uns zu, sondern wir erschaffen es uns selbst. Mit dem, was wir denken und fühlen, erschaffen wir JEDE SEKUNDE unsere Realität und sind zugleich Sender, als auch Empfänger der Schwingungsenergien. Umgangssprachlich sagt man ja, dass das Leben ein Nehmen und ein Geben ist. Wir geben eine Schwingung ab und erhalten dafür einen Lebensumstand, wir senden Ursachen aus und bekommen Auswirkungen. Kleine positive Handlungen können übrigens große Folgen haben. Was ich damit sagen will: Eine einzelne positive, heilsame Handlung kann unser und das Leben anderer positiv beeinflussen. Unter günstigen Bedingungen hat eine solche Handlung eine enorm große, befreiende Wirkung auf alle Beteiligten, so dass diese Handlung uns in Zukunft alle von allen Leiden befreien kann.

Das Bedeutet: Jede heilsame Handlung kann uns (auch in allen zukünftigen Existenzen) zu unbeschreiblichem Glück führen und großen Nutzen bewirken. So wie genießbare Früchte vom Baum fallen und wieder zu fruchtbringenden Bäumen heran wachsen.

Fazit: Wir alle sind Schöpfer, Realitätsgestalter, VERURSACHER und wir alle haben uns in der Vergangenheit ein spezielles Karma erschaffen und tun das auch gegenwärtig:

Ebenso wichtig ist es zu wissen: Wir sprechen hier von einem Naturgesetz, welches für alle gilt. Es spielt überhaupt keine Rolle, ob wir reich oder arm, alt oder jung, groß oder klein sind – vor dem Gesetz des Karmas sind wir alle gleich. Es ist unpersönlich, es kennt kein richtig und falsch, nein, es IST einfach nur, es macht keine Ausnahmen und es wirkt immer völlig wertneutral. Es ist ihm egal, ob es uns gefällt oder nicht, was wir als Auswirkung unserer zuvor gesetzten Ursachen erhalten, denn es reagiert nur auf unsere Gedanken und Gefühle.

Welche Arten von Karma gibt es?

Das Karma als Ganzes lässt sich in viele Teilbereiche einteilen. In jedem Einzelnen ist eine Seelenbefreiung möglich:

Persönliches Karma:

Was gehört alles zum persönlichen Karma? Ganz einfach: Alles, was zu Deiner Person gehört. Doch nicht nur das, an was Du Dich erinnern kannst. Nein, auch Dinge, die aus einem früheren Leben stammen, spielen bei diesem Karma eine Rolle. Zum Beispiel, was Du alles alles angestellt hast. Womöglich hast Du in einem früheren Leben jemanden verletzt, jemandem Schaden zugefügt oder betrogen? Wer weiß das heute schon? Du hast es jedoch in der Hand, Dich von jeglicher Last zu befreien, indem Du das schlechte Karma bereinigen lässt.

Partnerschafts bzw. Beziehungskarma:

Kennst Du das auch? Man gerät immer an denselben Typ Mann oder Typ Frau, es treten immer die gleichen Beziehungsprobleme auf. Das ist nicht weiter verwunderlich, denn auch Beziehungen zu Geschäftspartnern, Eltern, Geschwister oder Freunden können durch Karma negativ beeinflusst werden. Doch auch hier kann man einen Schlussstrich ziehen durch Karma-Ablösung, durch das der Weg frei wird in ein neues, karmafreies Leben.

Ahnen- bzw. Familienkarma:

Wie oft hört man jemanden sagen: "Er hat die Augen vom Vater und die Haare von der Mutter." Doch unsere Eltern, Großeltern und Urgroßeltern vererben uns nicht nur Äußerlichkeiten. Auch Charakter, Gewohnheiten, berufliche Neigungen, Glaubenssätze, Überzeugungen und Krankheiten werden auf nachfolgende Generationen übertragen. Das Ahnen- bzw. Familienkarma wird uns in die Wiege gelegt, aber wir müssen uns mit negativen Eigenschaften nicht abfinden – wir können es auch in diesem Fall bereinigen und Grundlegendes ändern.

Finanz- und Geschäftskarma:

Durchlaufen Geschäft und Finanzen Höhen und Tiefen? Manche Menschen stehen vor dem finanziellen Ruin, bei anderen macht die Firma pleite und man verliert den Job. Mit finanziellen Sorgen oder der Angst vor Arbeitsplatzverlust kann niemand unbeschwert leben. Das Chaos rund um Geschäft und Finanzen kann ganz einfach an negativem Karma liegen. Doch keine Sorge, man kann auch Geschäft und Finanzen vom Karma reinigen.

Flüche, Implantate:

Flüche? Hoppla, die gab es doch nur im Mittelalter! Nein, weit gefehlt, auch in der modernen Welt existieren Flüche. Das Schlimme ist, dass ausgesprochene Flüche sich zu großen, inneren Blockaden entwickeln können. Ein Fluch tritt übrigens nicht nur dann ein, wenn jemand sagt: „Ich verfluche dich". Flüche entstehen auch durch negative Äußerungen, Neid und Hass. Implantate sind Flüche, die sich bereits in uns manifestiert haben, vergleichbar mit einem kleinen oder großen Metallkörper im Körper bzw. im Energiefeld. Implantate können krank machen und Krebs, MS oder ein Schlaganfall könnten beispielsweise Folgen sein.

Negative Erinnerungen:

Eine schlechte Kindheit kann uns ein Leben lang verfolgen. Vielleicht ist es die hysterische, depressive Mutter, der schlagende Vater, hänselnde Nachbarskinder, Unfälle und Verletzungen, oder negative Erfahrungen in Schule, Ausbildung und Beruf – solche negativen Erinnerungen können unser Leben schlecht beeinflussen. Auch hier sollte man nicht untätig bleiben, sondern das Karma bereinigen lassen.

Schwüre, Eide, Gelübde, Versprechen:

Weißt Du, was Du in diesem und in früheren Leben bereits alles versprochen hast? Ist diese Frage wichtig? UND OB! Viele Versprechen geschehen unbewusst, einige ganz bewusst, zum Beispiel das Eheversprechen. Du musst dazu wissen, dass z.B. das Eheversprechen auch nach einer Scheidung noch energetisch existiert. Versprechen summieren sich mit der Zeit, in Klöstern, Kirchen und Königshäuser wurden besonders viele Gelübde, Eide und Versprechen abgenommen. Das Schöne ist, dass man sich auch davon befreien kann.

Haus- und Grundstückskarma:

Frage Dich im Stillen: Was ist in Deinem Haus oder auf Deinem Grundstück alles passiert? Wer weiß schon, was in früheren Epochen alles geschehen ist? Kriege, Familienfehden, Morde oder Streitigkeiten hinterlassen alle ihre Energien und können Dich so lange belasten, bis Du das negative Karma bereinigen lässt.

Haustier-Karma:
Nicht nur Du als Mensch hast Dein Karma, auch Dein Haustier hat eines. Genau wie ein Mensch hat auch ein Tier bestimmte Charaktereigenschaften und Krankheiten. Und noch etwas: Durch die enge Beziehung zwischen Mensch und Tier können Krankheiten übertragen werden. Doch auch das tierische Karma lässt sich ablösen.

Die Sache mit der Wiedergeburt

Manch einer wird sich nun vielleicht fragen, wieso ihm so viel Ungutes widerfährt, obwohl er in der Vergangenheit keine oder nur sehr wenige disharmonische Ursachen gesetzt hat. Nun, das mag stimmen, aber das bezieht sich dann vermutlich auf DIESES Leben und nicht auf frühere Leben. Momentchen Mal, frühere Leben??? Was soll das bitte heißen? Etwa, dass wir schon einmal gelebt haben? Nicht nur einmal, lieber Leser. Was meinst Du, woher all unser Wissen, all unsere Talente und Fähigkeiten stammen? Sie sind nicht das Ergebnis eines einzigen Lebens, sondern sie sind die gesammelte Erfahrung aus hunderten von Leben. Nur erinnern wir uns im gegenwärtigen Leben nicht mehr daran.

„Haben Sie einmal die Erfahrung gemacht, irgendetwas im Haus zu erledigen, dann in ein anderes Zimmer zu gehen und festzustellen, dass Sie vergessen haben, was Sie dort eigentlich wollten? Das ist es, was mit uns geschieht, wenn wir geboren werden."
Carol Adrienne

Laut Sri Aurobindo sind wir alle sogenannte „Übergangswesen", die sich zu mehr Liebe und Weisheit entwickeln. Und das Ganze dauert eben mehr als nur ein Leben. Gemäß dem Gesetz der Wiedergeburt (oder auch „Reinkarnation") werden wir so oft wieder geboren, bis wir zu uns selbst erwacht sind. Dafür ist EIN Leben zu kurz. Was kann man schon erreichen in 70, 80 oder 90 Jahren? Sicherlich nicht dasselbe, wie in 1000 oder noch mehr Leben. EIN Leben ist angesichts der Ewigkeit kaum mehr als ein Atemzug. Leider ist es so, dass wir in unseren Vorleben oftmals negative Ursachen gesetzt haben und in unserem gegenwärtigen Leben die Wirkungen zu spüren bekommen. Vielleicht hat man im Vorleben in einem Krieg andere Menschen getötet, womöglich wurde man selbst schwer verletzt und ist bis heute traumatisiert. Es kann sein, dass man im Vorleben ertrunken ist und sich heute vor tiefen Gewässern fürchtet, dass man im Mittelalter verbrannt wurde oder einem wilden Raubtier zum Opfer fiel und alleine der Gedanke an diese Tiergattung heute eine Gänsehaut erzeugt. Stell Dir dazu einen Felsen vor, der fast komplett unter der Wasseroberfläche liegt, so dass nur die Felsenspitze oben zu sehen ist. So verhält es sich auch mit unserer Existenz: Der Großteil unserer bisherigen Leben bleibt unter der „Bewusstseinsoberfläche" am Meeresboden bzw. im Unterbewusstsein verborgen. Trotzdem bestimmen all diese in Vorleben gemachten Erfahrungen unser heutiges Leben. Der bloße Sachverstand, welcher die Wiedergeburtenlehre kategorisch ausschließt, wird Menschen mit solchen und/oder ähnlichen Problemen kaum weiter helfen können. Hier geht es um die karmischen Verbindungen aus früheren Leben und diese kann man, wenn man langfristig und effektiv Erfolg haben will, nur durch Karma-Ablösung behandeln. DAS ist die Wurzel des Ganzen, dort liegt der Schlüssel, um Probleme jeglicher Art im heutigen Leben zu lösen.

Ich habe in meinen Seminaren oft erlebt, dass viele Menschen, die daran glauben, sie leben nur einmal, keinen Zusammenhang zwischen Ursache und Wirkung sehen und sich darüber wundern, warum sie von einer Krise in die nächste stürzen. Wenn man glaubt, dass man nur einmal lebt, dann ist man schnell demotiviert, besonders ab einem gewissen Alter, wenn einem immer mehr bewusst wird, dass man das, was man sich im Leben vorgenommen hat, vermutlich nicht mehr erreicht.

Die Lehre der Wiedergeburt hat übrigens nichts mit einem New-Age-Trend zu tun, da sie bereits für nordische Völker in Europa, Anatolien (Türkei), Eskimos, Persien, islamische Sufis, verschiedene Indianerkulturen auf dem amerikanischen Kontinent, afrikanische Ureinwohner (wie den Zulus), die Katharer und keltische Druiden ein selbstverständliches Grundwissen war. Auch heutige Weltreligionen erkennen die Wiedergeburtenlehre an. Nicht nur der Buddhismus und der Hinduismus glauben an die Seelenwanderung und Wiederverkörperung, unzählige von Nahtodberichten, welche weltweit dokumentiert sind, sprechen ebenfalls für die Wiedergeburtenlehre. Zum Beispiel können Rückführungen dabei helfen, frühere Leben vor dem geistigen Auge zu sehen. Details aus früheren Leben konnten nach Rückführungen in zahllosen Fällen durch alte Chroniken und Taufregister bestätigt werden. Interessant und was kaum jemand weiß, ist, dass die Wiedergeburt einst auch eine der tragenden Säulen im urchristlichen Glauben war. Kirchenfürsten wie Origenes, Basilides oder der heilige Gregor lehrten alle die Wiederverkörperung der Seele. Die Glaubenslehre um die Wiedergeburt und das damit verbundene Karmagesetz wurden dann jedoch beim fünften Konzil 553 n.Chr. in Konstantinopel (Istanbul, Türkei) durch die röm.-kath. Kirche abgeschafft. Zu Beginn des 4. Jahrhunderts nach Chr. wurden Schriftstellen in der Bibel verändert und auch gänzlich entfernt. Die Bibel, die wir heute kennen, enthält also nicht die ursprünglichen Textfassungen. Deshalb haben Christen heute weltweit kaum noch Wissen über die Bedeutung, Sinn und Auswirkung der Reinkarnation. Trotz alledem ist die Lehre der Wiedergeburt nicht in Vergessenheit geraten, wie folgende Aussagen berühmter Persönlichkeiten darlegen:

„Ich bin von der Reinkarnation überzeugt, seit ich 26 Jahre alt war. Was einige für eine besondere Gabe oder ein Talent zu halten scheinen, das ist nach meiner Ansicht die Frucht langer, in vielen Leben erworbener Erfahrung. Wir alle werden viele Male wiedergeboren, leben viele Leben, sammeln Erfahrungen und entwickeln uns weiter. Die scheinbar intuitive Gabe ist in Wirklichkeit das Produkt langer Erfahrung aus mehreren Reinkarnationen."
Henry Ford

„Bevor ich mit Sterbenden zu arbeiten begann, glaubte ich nicht an ein Leben nach dem Tod. Jetzt glaube ich an ein Leben nach dem Tod, ohne den Schatten eines Zweifels."
Elisabeth Kübler-Ross

„Wenn einer 75 Jahre alt ist, kann er nicht fehlen, dass er mitunter an den Tod denke. Mich lässt dieser Gedanke in völliger Ruhe, denn ich habe die feste Überzeugung, dass unser Geist ein Wesen ist ganz unzerstörbarer Natur; es ist ein Fortwirkendes von Ewigkeit zu Ewigkeit. Es ist der Sonne ähnlich, die selbst unsern irdischen Augen unterzugehen scheint, die aber eigentlich nie

untergeht, sondern unaufhörlich fortleuchtet."
Johann Wolfgang von Goethe

„Ich bin gewiss, wie Sie mich hier sehen, schon tausendmal dagewesen und hoffe wohl noch tausendmal wiederzukommen."
Johann Wolfgang von Goethe

„Ich könnte mir gut vorstellen, dass ich in früheren Jahrhunderten gelebt habe und dort an Fragen gestoßen bin, die ich noch nicht beantworten konnte: dass ich wiedergeboren werden musste, weil ich die mir gestellte Aufgabe nicht erfüllt hatte. Wenn ich sterbe, werden - so stelle ich es mir vor - meine Taten nachfolgen. Ich werde das mitbringen, was ich getan habe."
Carl Gustav Jung

„Lebe so, wie wenn du nochmals leben könntest - dies ist deine Pflicht. Denn du wirst in jedem Falle nochmals leben!"
Friedrich Nietzsche

„Wenn dir jemand erzählt, dass die Seele mit dem Körper zusammen vergeht und dass das, was einmal tot ist, niemals wiederkommt, so sage ihm: Die Blume geht zugrunde, aber der Samen bleibt zurück und liegt vor uns, geheimnisvoll, wie die Ewigkeit des Lebens."
Khalil Gibran

Es gibt im Grunde ein ständiges Kommen und Gehen. Das Leben ist immer da. Wie ich das meine? Stell Dir vor, das Leben sei ein großes, prachtvolles Haus. Milliarden von Menschen betreten das Haus und verlassen es eines Tages wieder. Es ist also ein Kommen und Gehen, aber das Haus selbst verschwindet nie. Nicht das Haus, welches das Leben repräsentiert, ist verschwunden, sondern wir. Wenn man sich das erst einmal verinnerlicht hat, wird man viel bewusster und angstfreier durchs Leben schreiten.

„Jede Geburt ist eine Wiedergeburt."
Wilhelm Busch

Auswirkungen von Karma

Manche Menschen sind uns auf Anhieb sympathisch, andere wiederum unsympathisch. Manche Menschen greifen uns wegen Kleinigkeiten an und wieder andere erweisen sich als unsere Retter in der Not. All das hängt mit unseren karmischen bzw. dharmischen Verstrickungen zusammen. Es gibt z.B. Menschen, die über andere lästern, die andere verleumden, verletzen oder auf sie neidisch sind. Solche Situationen geschehen deshalb, weil diese karmischen Prägungen in unseren Zellen stecken. Es handelt sich bei solchen Menschen nicht um „böse Zeitgenossen", sondern um Menschen, die von ihrem Karma gelenkt werden, die unbewusst handeln und bei denen der Bibelspruch „denn sie wissen nicht, was sie tun" den Nagel auf den Kopf trifft. Karma selbst zeigt sich uns immer in der Wirkung und wir haben bei jeder Lebenssituation die Gelegenheit, daraus etwas über uns selbst zu lernen und an uns zu „arbeiten". Wenn uns z.B. nahestehende Menschen vor den Kopf stoßen, dann tut uns das mehr weh, als wenn es von einem Fremden kommt. Doch auf der anderen Seite ist das gut so, denn nur so beginnen wir, uns mit uns selbst auseinander zu setzen, mit unserem Leben, mit den von uns gesetzten Ursachen.

Die Sache mit dem Zufall

Da ALLES auf Ursache und Wirkung beruht, geschieht somit nichts zufällig, sondern alles unterliegt naturgesetzlichen Prinzipien. Das gesamte Universum ist wie ein gigantischer Computer mit bestimmten Regeln und Gesetzen. Ich habe z.B. noch nie erlebt, dass die Erde ihre Umlaufbahn verlassen hat, Männer auf einmal schwanger wurden oder Elefanten fliegen konnten. Ein Zufall hat keinen Platz in einem System, welches auf klaren und eindeutigen Gesetzmäßigkeiten aufgebaut ist. Zum System gehören sowohl der Makrokosmos (z.B. das Universum), als auch der Mikrokosmos (z.B. der Mensch). Der Tag hat nicht zufällig 24 Stunden, sondern aufgrund kosmischer Gesetzmäßigkeiten. Und es ist auch kein Zufall, dass die Erde sich um die Sonne bewegt. Es ist kein Zufall, wenn wir jemanden kennen lernen, einen bestimmten Job annehmen oder eine Partnerschaft eingehen. Alles hat einen tieferen Sinn, eine Ursache. Das Konstrukt des Zufalls und des Schicksals existiert nur in den Köpfen mancher Menschen, die nichts vom Gesetz des Karmas wissen, doch selbst diese beiden Wörter geben uns Aufschluss darüber, dass wir selbst unsere Zukunft programmieren. Wir schicken (Schicksal) etwas als Ursache aus und die Wirkung davon fällt uns schließlich zu (zufallen=Zu-Fall). Alles hat eine höhere Ordnung. Ein Zufall wäre wie ein Computervirus, der die Ordnung außer Kraft setzen und den Computer mit Namen „Universum" zum Erliegen bringen würde. Und wenn alles, vom Elektron über die Blutzelle bis zu Planeten und ganzen Galaxien kosmischen Gesetzen unterliegt, warum sollten diese Gesetze ausgerechnet für den Menschen nicht gelten?

Die Sache mit der Eigenverantwortung

Manche Menschen halten das umgangssprachlich sogenannte „schlechte Karma" auch für eine Art Bestrafung für böse Taten aus der Vergangenheit. Von Strafe kann jedoch keine Rede sein, denn in der Karma-Lehre wird jedes neue Leben, ganz egal wie beschaffen es ist, als eine weitere Chance angesehen. Und da alles auf Ursache und Wirkung basiert, ist Karma keinesfalls als Strafe oder als unabänderliches Schicksal zu verstehen, es ist einfach ein Energieband aus der Vergangenheit, eine Art Vorratslager unserer selbst gesetzten Ursachen, die sich ausdrückende Wirkung einer im Vorleben selbst produzierten Schwingung. Und eine Wirkung ist eine Wirkung, nicht mehr und nicht weniger, sie ist keine Bestrafung und kann es auch nicht sein. Das Gesetz des Karmas macht NIE Fehler, es liefert nie etwas, das nicht schwingungsmäßig „bestellt" wurde. Wenn wir Destruktives bestellen, ob bewusst oder unbewusst, dann erhalten wir auch Destruktives. Und wenn wir Harmonie bestellen, dann bekommen wir auch Harmonie geliefert. Nie werden wir Harmonie kriegen, wenn wir Destruktives in Bestellung gegeben haben und umgekehrt gilt es genauso. Ebenso wenig können wir einen Apfelbaum pflanzen und erwarten Birnen ernten zu können.

Du kannst Dich also beruhigt darauf verlassen, dass das Gesetz des Karmas genauso präzise arbeitet wie andere Naturgesetze, beispielsweise das Gesetz der Schwerkraft. Vereinfacht ausgedrückt: Wir können niemandem die Schuld für unsere Lebensumstände geben, weder den Politikern oder unseren Eltern noch einem strengen Gott, da WIR selbst Schöpfer unseres Lebens sind – und niemand sonst. Wer nach Sündenböcken sucht, der sagt damit eigentlich nur eines, und zwar: *„Hallo, seht her. Ich bin ein Opfer!"* Aber Fakt ist, dass ein Schöpfer niemals ein Opfer sein kann – höchstens das Opfer von sich selbst. Opfermentalität und Schuldzuweisungen erlösen uns nicht. Nicht die Umstände, die Götter, die Sterne, der Zufall, das Schicksal oder andere Menschen bestimmen, was uns im Leben widerfährt, sondern einzig und allein wir bzw. unsere Ursachen. Wenn wir die Verantwortung für unsere Lebensumstände übernehmen, ist das bereits der erste Schritt Richtung Lebensglück.

Wie wir mit unserer „Karma-Schwingung" (und auch unserem Dharma, den positiven Auswirkungen) umgehen, richtet sich vollkommen nach unseren Entscheidungen. Es hält mich z.B. niemand davon ab, Karma-Ablösung durchführen zu lassen, um mich von belastenden Energiebändern aus meiner Vergangenheit frei zu machen.

> *„Wir sehen, dass Karma irriger Weise als eine Bestrafung zu Unrecht verübter Taten angesehen wird. Im eigentlichen Sinne hat Karma nichts mit einer Bestrafung zu tun, denn es gibt in der Schöpfung Gottes keine Bestrafung. Karma bedeutet jedoch, dass man das erntet, was man ausgesät hatte."*
> Trutz Hardo

Die Sache mit der Karma-Ablösung

Wir wissen nun, dass alles, was wir um uns herum wahrnehmen, eine Projektion unseres Geistes, unserer Gedankenwelt ist. So weit, so gut. Und nun, stelle Dir bitte vor, wie Du im Kino vor einer Leinwand sitzt und Dir einen Film anschaust. Es handelt sich dabei um DEINEN LEBENSFILM, der immer noch andauert. Nehmen wir einmal an, der Film missfällt Dir. Was tust Du? Nun, die meisten Menschen, die sich nur im Außen orientieren, rennen zu der Leinwand (die ja unsere äußeren Lebensumstände darstellt) und versuchen dort die Handlung des Films (unseres Lebens) zu verändern. Doch all ihre Mühen sind vergebens, denn an der Leinwand lässt sich der Film nicht beeinflussen. Um eine Veränderung herbeizuführen, muss man sich mit dem Filmprojektor beschäftigen. Und was ist der Filmprojektor? Unser Karma. Hier muss angesetzt werden, um Veränderungen zu vollziehen, um Ängste aufzulösen, um Blockaden aus dem Weg zu räumen, um wieder glücklich sein zu können.

> *„Das Leben an sich ist eine leere Leinwand. Es wird, was du darauf malst. Du kannst Misere malen oder Glück – diese Freiheit ist dein Triumph."*
> Osho

Es geht nicht darum, das Gepäck der Vergangenheit mit sich herum zu tragen, sondern sich durch Karma-Ablösung davon zu befreien. Wir können uns jedes weitere Karma ersparen, wenn wir unser Leben auf

Glück und Freude ausrichten, und wenn wir täglich bestimmte Hausaufgaben machen (dazu später mehr).

Welchen Sinn hat das Leiden allgemein? Für mich hat unser Leiden den Sinn, uns die Sinnlosigkeit des Leidens bewusst zu machen. Jegliches Leiden soll uns klar machen, dass wir es nicht brauchen und uns davon lösen sollen. Sich nicht gut fühlen ist der INDIKATOR, dass man in diesem disharmonischen Schwingungsbereich nichts verloren hat. Sobald es uns gelingt, diese tiefgreifende Wahrheit in unserem Bewusstsein zu verankern, schaut alles gleich viel rosiger aus.

Kennst Du das Spiel „Topfschlagen"? Man versucht mit verbundenen Augen mit einem Kochlöffel einen Topf zu finden. Wenn man sich dem Topf nähert, rufen die anderen „warm", wenn man sich vom Topf fort bewegt, ruft man „kalt". Wenn wir leiden, wenn wir uns unglücklich fühlen, wenn wir sooo verzweifelt sind, dass es uns schmerzt, dann ist das so, als würde das Leben bzw. unser höheres Selbst uns mit lauter Stimme zurufen: "KAAAAALT!" Es will uns mitteilen, dass wir etwas Sinnloses machen, vom Weg abgekommen sind. Schmerz ist ein sehr eindeutiger Wegweiser, den wir nutzen sollten.

Wenn wir erst einmal erkannt haben, dass Leiden sinnlos ist, richten wir unser Leben neu aus: Wir hören auf zu leiden, wir treffen andere Entscheidungen, wir wollen BEWUSST glücklich sein, lassen uns mental nicht runterziehen und distanzieren uns von negativ schwingenden Menschen.

Auf unserer Festplatte – Unterbewusstsein – gespeichert

Ohne Ausnahme ALLES, was wir erleben, hinterlässt eine energetische Prägung. Man kann es sich ungefähr so vorstellen: Für jede einzelne Erfahrung in diesem Leben und auch in früheren Leben, wurde in uns eine Art geistiges Videoband angelegt und in unserer geistigen Festplatte namens Unterbewusstsein abgelegt.

Doch nicht nur im Unterbewusstsein, sondern auch in allen unseren Zellen sowie in unserem Gehirn. Das gilt übrigens auch für unser Leben im Mutterleib. Besonders traumatische, aber auch viele andere Erlebnisse werden ins Unterbewusstsein verdrängt, wo sie dann aber nichtsdestotrotz wirken und unsere Schwingung bestimmen. Sind Kummer und Schmerz unsere energetische „Standardprogrammierung", verläuft unser Leben kummervoll und schmerzhaft. Genau solche unbewussten Gedanken sind es, die gewohnheitsmäßig Situationen erzeugen, in denen wir oft denken: „Nie und nimmer würde ich mir solche Lebenssituationen bewusst ins Leben holen." Und genau das ist der springende Punkt: Wir haben sie uns unbewusst angezogen, wir erleben quasi bewusst die Wirkung einer unbewussten Ursache.

Auf diese Weise wiederholen wir karmisch bedingt die oft schmerzvollen Ereignisse der Vergangenheit und erschweren dadurch oftmals unsere Gegenwart und Zukunft. Die Karma-Ablösung holt die schädlichen Energieanteile früherer Ursachensetzungen aus uns heraus.

Was geschieht bei der Karma-Ablösung?

An dieser Stelle möchte ich mal grundsätzlich folgendes festhalten: Karma kann von einem Menschen **nicht** gelöscht werden! Darum heißt es nicht Karma-Löschung, sondern Karma-Ablösung.

Durch Karma-Fäden sind wir Menschen mit der Akasha-Chronik verbunden. Diese Fäden werden bei der Karma-Ablösung durch die Gnade Gottes getrennt. DAS sind die zwei Zauberwörter: GNADE GOTTES. Ohne diese göttliche Gnade wäre es nicht möglich, das Karma abzulösen. Dank der Einweihung und Erlaubnis von Metatron, dem Hüter der Akasha-Chronik, ist es mir möglich, in die Akasha-Chronik zu schauen.

Dabei sehe ich, wie viele Leben (Inkarnationen) ein Mensch bereits hinter sich hat, ob er als Frau oder Mann lebte, welche Taten er begangen hat, ob es ein sogenanntes „Ausruheleben" war, in welchem Land und Kulturkreis er sein Leben verbrachte, wo die erste Inkarnation stattfand und was die Ursprungsabsicht der Seele ist (diese bleibt unverändert und ist bis heute gleich geblieben).

Während der Karma-Ablösung werden für mich „Wesenheiten" und negative Energien in der Aura meiner Klienten sichtbar, die sich in ihnen eingenistet haben und sie als „Wirtskörper" benutzen. Sie erscheinen meist in Form von dunklen zwei bis drei Meter großen Schatten (manchmal auch sehr deutlich) und sind raffiniert genug, um sich auch zu verstecken, so dass ich sie nicht immer beim ersten Mal entdecke. Wir Menschen sind multidimensionale Wesen, was bedeutet, dass wir uns in mehreren Ebenen zugleich befinden. Ich kann nicht in alle Schichten gleichzeitig sehen, so dass sich Wesenheiten in einer anderen Ebene aufhalten können und deshalb nicht sofort erkannt werden und als Folge davon möglicherweise mehrere Astralkörper-Reinigungen erfordern, bis alle negative Energien und Wesenheiten entfernt sind. Wie aber werden sie entfernt? Für gewöhnlich werden diese Wesenheiten von Erzengel Michael und anderen Lichtwesen abgeführt und ins Licht begleitet. Oft ist es aber so, dass die Wesenheiten nicht freiwillig gehen wollen und sich dagegen zur Wehr setzen. Sehr oft kleben diese Energien wie Kaugummi an ihrem Wirt. In diesem Fall rufe ich nach Unterstützung von himmlischen Helfern – und dann gelingt es immer, die Wesenheit ins Licht zu führen. In den meisten Fällen sind diese Wesenheiten dunkel und strahlen eine sehr unangenehme Energie aus. Nicht selten sind sie regelrecht „zum Gruseln" und ich bekomme bei ihrem Anblick eine Gänsehaut am ganzen Körper.

Bei einem Klienten erschien kurz vor Ende der Sitzung ein riesenhafter, über zwei Meter großer, muskelbepackter und angsteinflößender Mann, der wie ein Gladiator gekleidet war (Rüstung und Gesichtsschutz). Sein Anblick war sehr einschüchternd. Diese Wesenheit stammte aus einer früheren Inkarnation, die meinen Klienten bis zur Karma-Ablösung begleitete. Dies führte dazu, dass der Klient sich oft, ohne es zu merken, so benahm, dass die Leute sich vor ihm fürchteten. Er hatte einen furchterregenden Blick, der nach der Karma-Ablösung komplett verschwand. Die Freundin des Klienten erzählte mir sechs Wochen nach der Ablösung, dass er sich von Grund auf zum Positiven geändert hatte. So wurde er z.B. offener, kommunikativer und seine Aggression ließ merklich nach.

Wie erwähnt, erscheinen die Wesenheiten in unterschiedlicher Form. Bei einem anderen Klienten, einem zweijährigen Jungen, hatten die in ihm hausenden Wesenheiten Teufelsfratzen und einen langen Schwanz. Eine Wesenheit ähnelte einem Drachen oder einer Riesenechse.

Während der Astralkörper-Reinigung gelangen die Wesenheiten sehr häufig wie in Schwärmen aus der Aura des Menschen heraus. Mir stellt es sich so dar, dass dicke Schlangen, Würmer und Mücken in großer Zahl aus der menschlichen Aura die Flucht ergreifen.
Diesen Teil erzähle ich meinen Klienten im Normalfall nicht, weil es ihnen nicht dienlich und im Grunde nur abschreckend ist. Da auch mir der Anblick sehr unangenehm ist, habe ich mit Metatron ein Abkommen getroffen, dass ich beim Blick in die Akasha-Chronik die ganz schlimmen Bilder wie Folterungen, Tötungen, brutale Szenen, Parasiten im Astralkörper und ähnliches mehr, nur kurz und/oder verschleiert zu sehen bekomme.

Ist Karma-Ablösung ein manipulativer Eingriff?

Du meinst vielleicht, dass sich Karma-Ablösung nach einem künstlichen, manipulativen Eingriff anhört. Dabei ist es genau andersherum: Die „Manipulation" ist bereits erfolgt. Unsere angebliche Freiheit bezüglich Denken und Handeln ist ein großer Trugschluss, denn die energetischen Bänder aus unseren früheren Leben wirken noch heute auf uns ein. So kann jemand noch so zielbewusst, talentiert und fleißig sein, aber aufgrund seines Karmas nie richtig erfolgreich werden. Wir müssen uns quasi "ent-manipulieren". Wenn wir die Methoden dieses Buches studieren und einsetzen, erfahren wir den Weg aus der „Karma-Zelle". Es ist der Weg zur zweiten Chance, sich diesmal ein harmonisches Lebensdrehbuch zu schaffen.

Vergessen wir nie, dass wir immer das erleben, was wir zuvor als Ursache versendet haben. Es ist also immens wichtig, sich regelmäßig mit dem, was wir durch unsere Gedanken und Gefühle verursachen, auseinanderzusetzen. Doch oft erscheint das nahezu unmöglich, wenn wir täglich mit unangenehmen Lebensumständen konfrontiert werden. Man ist oftmals derart im Sog der karmischen Wirkungskräfte, dass man wie ein Spielball hin- und her gestoßen wird. In solch einem Zustand ist man kaum imstande, sich neu zu strukturieren und positive Ursachen zu setzen. Und genau hier setzt die Karma-Ablösung an. Sie verschafft Dir den Freiraum, der dringend notwendig ist, um Dein Leben neu auszurichten und auf einer harmonischen Basis führen zu können.

Es geht bei Karma-Ablösung also keinesfalls um Manipulation, sondern vielmehr um FREIHEIT, einem der höchsten Werte, die es gibt! Und das Schöne ist: Wer die eigene Freiheit wertschätzt, der gönnt sie auch allen anderen Menschen. Wenn ich von Freiheit spreche, dann meine ich keine eingeschränkte Freiheit wie finanzielle, politische oder sonstige Freiheit, die man von außen bekommt, nein, ich meine wirklich WAHRE, INNERE FREIHEIT, die von einem selbst ausgeht. Und verwechseln wir hier bitte nicht Freiheit mit Verantwortungslosigkeit, denn es verhält sich genau andersherum. Freiheit hat ihren Preis und der bedeutet EIGEN-VERANTWORTUNG.

Die Vorteile der Karma-Ablösung

Nachfolgend möchte ich Dir die lebensverändernden Vorteile nennen, die man erfährt, wenn man sich von karmischen Verstrickungen befreit:

Vertrauen ins Leben

Wir folgen unserem inneren Ruf unbeirrt und ohne Risikoscheu. Unser Sicherheitsbedürfnis rutscht auf unserer Prioritätenliste ziemlich weit nach unten, während wir dem Leben selbst immer mehr Vertrauen entgegenbringen. Unser Alltag wird dadurch leichter und viel lebenswerter. Wir machen mit Leichtigkeit genau das, wovon wir spüren, dass es genau JETZT das Richtige für uns ist. Ganz egal, welche Risiken damit verbunden sind.

Das Erkennen des Lebenssinnes

Wir lernen zwischen echten Lebenswünschen und schädlichen Ego-Bedürfnissen oder von der Gesellschaft übernommenen Pseudo-Wünschen zu unterscheiden. Dadurch finden wir zu uns selbst zurück. Und wir wissen, dass wir alle unsere Wünsche realisieren können, ganz egal, wie die Umstände gerade sind und in welchen Sachzwängen wir uns gerade befinden. Dadurch führen wir ein mit einem glücklich machenden Sinn erfülltes Leben.

Innere Ruhe und Ausgeglichenheit

Wir bleiben ganz selbstverständlich wir selbst, bleiben in Extremsituationen gefasst und ausgeglichen, lassen uns nicht aus der inneren Ruhe bringen. Wir machen keine großen Augen mehr und verfallen nicht mehr in Panik, sondern wissen ganz genau, wie wir vorzugehen haben.

Selbstbestimmung

Es gibt kaum Chancen mehr für Andere, uns zu manipulieren oder uns zu etwas zu überreden, was uns nicht gut tut. Wir sind nicht länger fremdbestimmt, weil wir zur Fremdbestimmung nicht länger resonanzfähig sind. Das ist das Befreiendste, was man erleben kann.

Eine machtvolle Lebensweise

Wir er-INNERN uns wieder an unsere natürliche Schöpfermacht und dehnen uns in immer weitere Bereiche aus. Dabei begnügen wir uns nicht mehr damit, nur noch passiv und träge durchs Leben zu gehen, sondern gestalten unser Leben aktiv unserem Potenzial entsprechend und nach unserem Willen.

Herrliche Zukunftsaussichten

Wir wissen genau, wie wir das HEUTE zu meistern haben, um ein glückliches MORGEN zu erleben. Wieso? Weil eine Karma-Ablösung die Kommunikation zu unserer Göttlichen Seele fördert. Mit solch einer von der Göttlichen Seele unterstützten Lebensweise werden ganz neue, wunderbare, fantastische Dinge in unserem Leben geschehen. Wir entwickeln so eine ganz neue Beziehung zu unserem Leben, eine viel persönlichere.

Auf jede Aktion folgt eine Reaktion. Egal, wie kraftvoll ich zum Beispiel mit meiner Faust gegen eine Wand drücke, die Wand drückt mit derselben Kraft zurück. So ist es auch mit dem Gesetz des Karmas. Wir erhalten das, was wir als Gedanken, Gefühle und Handlungen ins Leben hinein gegeben haben, als ausgleichenden Lebensumstand zurück. Es gibt somit keine Sünde, keine Schuld und keinen Zufall, sondern nur URSACHE und WIRKUNG.

Um sich von den karmischen Wirkungen frei zu machen, ist eine Karma-Ablösung erforderlich.

Die Aufgabe der Göttlichen Seele

Es gibt einen Teil von uns, der sich seiner göttlichen Herkunft bewusst ist. Manche nennen diesen Teil höheres, inneres oder erweitertes Selbst. Ich nenne diesen Teil „die Göttliche Seele". Sie ist eine Quelle unbegrenzten Wissens und ist sich aller unsere bisherigen Inkarnationen bewusst. Darum sollten wir uns verdeutlichen, dass ein Mensch, wenn er physisch geboren wird, sein Bewusstsein nicht nur im menschlichen Körper trägt, sondern den weitaus größeren Teil außerhalb von Raum und Zeit hat. Man könnte auch sagen, dass wir gleichzeitig in mehr als nur einer Welt leben.

„Des Vaters Haus hat viele Wohnungen."
Jesus

Hier trifft eindeutig der Ausspruch zu, dass wir weniger ein Mensch sind, der eine spirituelle Erfahrung macht, sondern vielmehr ein unendliches, göttliches, spirituelles Wesen in einer vorübergehenden materiellen Existenz, die eine menschliche Erfahrung macht. Zugleich sollten wir dabei immer im Auge behalten, dass die Göttliche Seele und wir hier auf Erden EINS sind. Die Göttliche Seele hat den menschlichen Körper erschaffen, um durch ihn Ausgleich zu schaffen, zu erleben und zu erfahren, zu fühlen und das Menschsein so intensiv wie möglich zu spüren. Man könnte es auch so ausdrücken: Wir verkörpern die Energien aus höheren Ebenen hier auf Erden; wir als Mensch sind der Kanal für das göttliche Licht, Soma, Amrita, Aurum Portabile oder wie es sonst noch genannt wird.

„Als geistiges Wesen lebt der Mensch
zuerst auf anderen Seinsebenen."
Pythagoras

Die Göttliche Seele ist im Grunde das, was wir „im WESEN-tlichen" sind. Der physische Körper ist etwas Vorübergehendes, während die Göttliche Seele nie vergeht und unsere wahre Natur ist. Diese „kosmische" Variante von uns äußert sich über intuitive Eingebungen und wenn wir uns ihr öffnen, empfangen wir Wissen, welches erforderlich ist für ein erfülltes Leben in Glück und Zufriedenheit. Nur so können wir unseren Lebensplan erfüllen. Ja, Du hast richtig gelesen, es gibt tatsächlich einen Lebensplan. Dass wir nicht nur auf die Welt gekommen sind, um zu essen, zu trinken und uns fort zu pflanzen, dürfte jedem klar sein. Dafür ist das Leben einfach zu schön, zu großartig und zu wertvoll. Wir existieren nicht zufällig und wir sind auch nicht zufällig genau zu dieser Zeit in dieser Welt. Unsere gesamte Lebensaufgabe ist in der Göttlichen Seele enthalten und alles, was in unserem Leben eine Rolle spielt und uns ausmacht, wurde von der Göttlichen Seele so eingerichtet, dass es perfekt zu unserer Lebensabsicht passt. Dazu gehören unser Aussehen, die Form unseres Körpers (selbst dann, wenn er behindert sein sollte), das Geschlecht, der Ort, an dem wir geboren wurden, unsere Talente, Fähigkeiten und vieles mehr.

„Jede Gabe ist eine Aufgabe."
Carl Schmidt

Was könnte in unserem Lebensplan so alles drin stehen? Nun, manch einer fühlt sich vielleicht dazu berufen, eine Familie zu gründen, die Mutterschaft zu erleben (und kommt deshalb in einem weiblichen Körper zur Welt), in ein bestimmtes Land auszuwandern, einen bestimmten Beruf zu erlernen, in der Öffentlichkeit tätig zu sein, bestimmte Menschen kennen zu lernen oder sich für die Tierwelt / Umwelt einzusetzen. Wir sind nicht hergekommen, um in einem Leben ALLE Erfahrungen zu machen, die man machen könnte. Nein, wir sind hier, um GANZ BESTIMMTE ERFAHRUNGEN zu machen. Hinter allen Lebensplänen steht die Absicht, innerlich zu wachsen und innerlich erfüllt zu sein.

Selbst eine Kirschblüte hat ein Ziel, einen Plan, folgt einer Absicht. In der Sommerzeit wächst sie zu einer Kirsche aus. Sie hat aber im Gegensatz zu uns Menschen keinen freien Willen und kann nicht zu einem Apfel oder zu einer Birne auswachsen. Wir Menschen hingegen können sehr wohl einem falschen Plan folgen. Und kein Mensch steigt gerne in einen Zug ein, nur um an der Endstation festzustellen, dass er in der falschen Stadt angekommen ist. Darum ist es so ungemein wichtig, sich regelmäßig mit der göttlichen Seele zu verbinden und Klarheit über das eigene SEIN zu empfangen. Dies erfolgt über die ZENTRIERUNG, die im nächsten Kapitel genau beschrieben wird.

„Es gibt einen großen Meister, der wohnt in deinem Herzen.
Richte deine Blicke nach innen, entziehe Ddine Sinne
der Außenwelt und suche seine Hilfe."
Swami Shivananda

Man kann Klarheit zu folgenden Fragen erhalten: Was machen wir hier auf Erden eigentlich? In dieser Zeit? In diesem Körper? Wenn wir uns nicht darüber im Klaren sind, was wir wirklich wollen und warum wir hier sind, wird auch unser Leben nicht klar sein, nein, es wird unklar, widersprüchlich und schwankend sein. Deshalb sollten wir immer und immer wieder Kontakt aufnehmen zu unserer Göttlichen Seele und uns auf unseren Lebensplan besinnen, uns daran erinnern, warum wir hier und heute auf Erden sind. Denn wenn wir es nicht tun, zahlen wir einen ziemlich hohen Preis dafür (wir zahlen mit unserem Lebensglück). Ein Fisch zum Beispiel ist nur glücklich in seinem Element. Und genauso wie ein Fisch sein Element hat, so haben auch wir unser Element, unsere Schwingungsfrequenz, unsere Beschäftigungen, unsere Vorlieben, Hobbys, Menschen, Orte, die uns glücklich machen. Es gibt Menschen, Orte, Jobs und Tätigkeiten, die ebenso wenig zu uns passen wie eine zu enge Hose oder zu kleine Schuhe. Weder wir, noch die Hose, noch die Schuhe sind richtig oder falsch, aber wir passen halt einfach nicht zusammen. Warum etwas Unpassendes zusammen zwingen wollen? Dabei kommen nur Unglück und Frust heraus. Wenden wir uns unserem Inneren zu und wir erhalten die Botschaften der Göttlichen Seele, was uns gut tut und was wir meiden sollten.

> *„Womit wir auch im Leben konfrontiert werden, welche Herausforderungen oder Hindernisse auch immer auftauchen, solange wir uns nach innen unserem Herzen zuwenden, anstatt zuzulassen, dass die äußeren Umstände uns überwältigen – dann werden wir geführt und beschützt, weil das der natürliche Plan ist."*
> Sonia Choquette

Nun mag der eine oder andere Leser sich vielleicht fragen, wie es wissenschaftlich möglich ist, dass ein Teil von uns hier auf Erden weilt, während ein anderer Teil von uns woanders ist. Im Grunde ist das gar nicht so schwer zu verstehen. Ein Bewusstsein ist im Gegensatz zum physischen Körper räumlich und zeitlich nicht begrenzt. Genauer gesagt: Unser Bewusstsein ist von Natur aus multidimensional. Es existiert in verschiedenen Dimensionen gleichzeitig. Was aber ist eigentlich eine Dimension? Licht und Schall z.B. können denselben Raum einnehmen, ohne sich gegenseitig zu behindern. Warum? Weil sie anders schwingen und sich in verschiedenen Schwingungsebenen (oder Dimensionen) befinden. Auch die Traumwelt kann man als eine andere Dimension bezeichnen. Da wir (fast) alle von Geburt an nach einem materialistischen Weltbild geprägt wurden, fällt es vielen Menschen heute nicht leicht, mit dem Konzept der Göttlichen Seele oder verschiedener Dimensionen klar zu kommen. Unsere Sinnesorgane nehmen nämlich nur einen begrenzten Ausschnitt der Realität wahr, sie sind nur auf EINE Dimension ausgerichtet, nämlich auf das Leben in der „materiellen" Welt. Deshalb können wir mit ihnen so vieles nicht wahrnehmen.

Doch zurück zum Thema dieses Kapitels: Wir leben also in mehreren Welten zugleich und unsere materielle Welt ist nur eine von vielen Welten. Die Schöpfung vereint unzählige Realitäten, Universen und Daseinsebenen. Die höchste ist vermutlich die Ursprungs-Quelle, aus der wir alle kommen.

Das Konzept der Göttlichen Seele ist übrigens nichts Neues. Das, was wir als Göttliche Seele bezeichnen, kennt man seit Jahrtausenden und ist unter vielen Namen bekannt:

„Genius" bei den Künstlern,
„Fünklein" bei den Mystikern,
„Purusha" in den Upanishaden,
„Es" bei den Psychoanalytikern,
„inneres Licht" bei den Quäkern.
„Überselbst" bei den Esoterikern,
„Fylgjur" bei den alten Germanen,
„innerer Guru" bei Yogapraktikern,
„überschattender Genius" bei den Theosophen,
„transzendentales Subjekt" bei den Spiritualisten,
„Brahma" (Weltseele) bei den altindischen Philosophen,
„Geistiger Führer" oder „sechster Sinn" bei den Okkultisten,
„Gottfunke" bei den verschiedenen christlichen Bekenntnissen,
„schöpferische Kraft in uns"
oder „Über-Ich" in der modernen Philosophie.

Kommen wir zur wichtigsten Frage: Was will die Göttliche Seele? Sie hat unser ganzheitliches Wohlergehen und unser inneres Wachstum im Sinn. Aufgrund ihrer höheren Perspektive weiß sie besser als wir auf Erden, wie wir glücklich und erfüllt leben können. Bei jeder Entscheidungsfindung kommuniziert sie mit uns über unsere Intuition. Sie sendet uns Gefühle, Träume, Eingebungen, Personen, innere Bilder, bestimmte Situationen, um uns den richtigen Weg zu weisen. Wir erhalten ständig Botschaften aus den „höheren" Ebenen, das gehört zu unserer Natur.

> *„Die Verbindung mit dem inneren Selbst,*
> *dem uns innewohnenden Wesen, ist das einzige sichere*
> *Fundament, auf dem man sein Leben aufbauen kann."*
> *Swami Shivananda*

Die Verbindung zwischen uns und der Göttlichen Seele kann bewusst herbeigeführt werden. Das Herz ist die „Andockstelle", sozusagen die Zentrale oder auch Schaltstelle. Vielleicht fragst Du Dich nun, wie die Göttliche Seele vorgeht? Stell Dir dazu einfach einmal vor, DU wärst die Göttliche Seele bzw. ein Schutzengel und hättest die Aufgabe, einen Menschen zum Lebensglück zu führen. Du darfst jedoch nicht persönlich eingreifen, sondern musst versuchen, Deinen Schützling durch Hinweise darauf zu bringen, den Weg zum Glück für sich selbst zu entdecken und selbst zu gehen. Denn in der „Welt der Materie" darf Veränderung nur durch Materie erfolgen. Als Schutzengel wird man seinen Schützling also durch bestimmte Hinweise auf die wesentlichen Dinge aufmerksam machen (durch Gefühle, Bücher, Filme, andere Menschen usw.). Wenn Du ihm Zeichen gibst, dann liegt es an ihm, die Inputs wahrzunehmen, sich zu bewegen und aktiv zu werden.

Tauschen wir jetzt wieder die Rollen und nehmen wir an, wir sind dieser Schützling und wir bleiben in einer Beziehung, in der wir nicht länger glücklich sind und in der uns unser Partner nicht wirklich liebt. Wir verlassen somit unseren Weg zum Glück. Was bedeutet das konkret? Dass wir Zeit und Energie verlieren – und dass wir leiden. Die Göttliche Seele beginnt dann uns mit allerlei Methoden darauf aufmerksam zu machen, dass wir im falschen Bus sitzen. Wie schaut das konkret aus? Nun, viel-

Göttliche Seele

leicht verlieben wir uns in eine andere Person oder treffen einen Menschen, der uns inspiriert und uns sagt, dass wir gerade dabei sind, unser eigenes Glück zu beerdigen. Oder unsere Göttliche Seele wendet, weil die Zeit drängt, drastischere Methoden an und wir werden krank oder verlieren den Job, und plötzlich sind wir nur noch Ballast für unseren Partner, so dass er uns eiskalt links liegen lässt und wir dadurch einer schon längst überfälligen Erkenntnis gewahr werden. Die Göttliche Seele fordert uns auf, wieder in den richtigen Bus, den Bus des Glücks, einzusteigen. Dazu müssen wir aber erst einmal den falschen Bus verlassen. So kann sich selbst das größte Pech im Nachhinein als Segen erweisen. Wir können uns viel Kummer ersparen, indem wir uns täglich mit der Göttlichen Seele verbinden und von ihrem Allwissen profitieren. Wie es geht, erfährst Du im weiteren Verlauf des Buches.

„Wer in seinem innersten Selbst den unsichtbaren Gesetzgeber
aller Dinge erkannt hat und ihm allein vertraut,
der hat die Seligkeit erlangt."
Manu, indischer Weiser

Unsere Göttliche Seele gibt uns alles, was uns gut tut, zum richtigen Zeitpunkt und auf die perfekte Weise. Bereits Sokrates machte die Erfahrung, dass das "Höhere Selbst" immer zur rechten Zeit eingreift – durch befreiende und kreative Inspiration, durch das, was anderen Menschen wie ein Wunder erscheint. Auch Ralph Waldo Emerson vertraute seiner „Überseele" voll und ganz. Was auch passiert, wir können uns darauf verlassen, dass die Göttliche Seele es immer gut mit uns meint und uns nie im Stich lässt. Wichtig ist es, sich täglich mit ihr zu "verbinden".

Zentrierung

Vor einer Karma-Ablösung empfehle ich die Herstellung des inneren Gleichgewichts, da die meisten Menschen außer sich statt in sich sind. Das ist nicht weiter verwunderlich, wenn man bedenkt, dass in uns nicht EINE Stimme spricht, sondern etliche. Der Verstand will in die eine Richtung, das Herz in die andere. Man kann aber nicht gleichzeitig unterschiedliche Wege einschlagen. Wer es versucht (und das tun fast alle Menschen weltweit), zersplittert sich selbst in zahllose Teile und ist ziemlich verwirrt, unsicher und orientierungslos.

Es herrscht keine innere Einheit vor, zig Stimmen sprechen in uns und jede einzelne verlangt etwas anderes. Es ist ein einziges Drunter, Drüber und Durcheinander. Es ist so, als ob 20 verschiedene Musikbands gleichzeitig unterschiedliche Lieder spielen und jede Band will die anderen übertönen.

Durch solche inneren Konflikte entbrennt im Grunde ein Kampf gegen sich selbst. Und das sorgt natürlich für Unglück, denn wie soll ein Teil von uns gegen einen anderen Teil von uns siegen? Was man auch macht, man verliert. Dazu kommt noch, dass wir zig Fremdmeinungen von außen vermittelt bekommen, da unsere Sinne nach außen hin ausgerichtet sind. Wir sehen nicht nach innen, unsere Augen blicken in die Welt hinaus. Wir hören nicht nach innen, unsere Ohren hören zu, was andere Menschen erzählen. Unsere Nase nimmt Gerüche im Außen wahr, unsere Hände greifen nach Objekten in der Außenwelt usw. Es liegt also nahe, dass die meisten Menschen ihr Glück dort draußen in der Welt suchen. Es ist schon ein wenig ironisch: Obwohl derjenige, der sucht, sich im Inneren befindet, orientiert er sich viele Jahre seines Lebens nach außen. Doch was immer es da draußen auch zu finden gibt, es erfüllt den „Sucher" nie dauerhaft, denn der Sucher muss sich zunächst einmal selbst finden. Sobald man draußen nichts mehr sucht, wandert der Fokus nach innen. Man beobachtet sich selbst und will sich selbst näher kennen lernen. Es stellt sich nicht länger die Frage, wo das Glück in der Außenwelt zu finden ist. Nein, nun fragt man sich: „Wer ist es eigentlich, der da sucht? Wer ist der Suchende?" Das ist der Moment, in dem man reif ist, sich seiner göttlichen Natur bewusst zu werden. Es ist eine Art „Be-Kehrung". Draußen gibt es nichts mehr zu suchen, man kehrt um, kehrt den Blick nach innen, vollzieht eine Umkehr zum Ursprung, zum Sein aller Dinge, zur Quelle bzw. nach Hause. Und der Weg dahin führt über die Zentrierung, durch die all die verschiedenen „Musikbands" in uns in Ein-Klang kommen und ein harmonisches Orchester bilden, so dass aus vielen Stimmen eine Stimme wird und aus tosenden Wellen eine ruhige See entsteht.

Das Zentrum unseres Wesens ist totale, göttliche Harmonie. Das tägliche Gedankenchaos befindet sich nur an der Peripherie und durch die Zentrierung gelangen wir in unsere Mitte. Sie eignet sich auch als tägliches Ritual, um beschützt und zentriert den Tag zu begehen. Ich empfehle sogar ausdrücklich, sich jeden Tag 5 bis 10 Minuten Zeit für die Zentrierung zu nehmen.

Metatron sagt:

> **„Zehn Minuten intensives Zentrieren ist so wirksam wie eine Stunde tiefe Meditation."**

Die von mir beschriebene Zentrierung geht weit über den Verstand hinaus. Wir begeben uns durch sie in einen Bereich, der den Verstand hinter bzw. unter sich lässt. Stelle es Dir so vor: Du bist dann nicht mehr IM Verstand, sondern verlässt ihn und erhältst dadurch einen viel umfassenderen Überblick. Wir suchen in diesem Zustand nichts mehr und rennen nicht irgendwelchen Sehnsüchten hinterher, sondern ruhen in uns, sind angstfrei und erlangen Selbsterkenntnis. Wenn wir die Zentrierung in unserem Leben kultivieren und regelmäßig anwenden, erreichen wir früher oder später den Punkt, an dem wir uns vollständig im Frieden und im vollkommenen Gleichgewicht befinden. Wir sind dann im natürlichen Urzustand der Seele. Unser menschliches Selbst kommuniziert dann mit unserer Göttlichen Seele und erfährt eine Erweiterung. Es ist wie eine Wiedervereinigung mit sich selbst. Das mag sich auf den ersten Blick als nicht sonderlich wichtig anhören, aber es ist von ungeheurer Wichtigkeit. Stell Dir hierzu einen Baum vor. Wenn man sich Jahr für Jahr einen Baum anschaut, erkennt man, dass er wächst. Doch man sieht lediglich, dass er nach oben wächst. Tatsächlich verhält es sich aber so, dass auch die Wurzeln des Baumes wachsen. Sie wachsen nach unten und bleiben dem menschlichen Auge verborgen. Ohne starke Wurzeln nützt es dem Baum nichts, wenn er nach oben wächst. Selbst wenn der Baum 100 Meter in die Höhe wachsen würde, hätte er ohne stabile Wurzeln keinen festen Stand. Der allerkleinste Sturm würde ihn gnadenlos nieder werfen. Und so ist es auch bei uns Menschen. Das innere Wachstum ist von existenzieller Bedeutung.

Nachfolgend erkläre ich, wie Du Dich bequem daheim zentrieren kannst:

Schließe die Augen und atme tief ein und aus.

Taste mental Deinen Körper ab und nehme ihn bewusst wahr, atme gleichmäßig und entspanne dabei Deinen Körper:

Spüre Deine Füße, die nebeneinander den Boden berühren, Deine Beine ganz locker und entspannt, Rücken gerade, Hände auf den Oberschenkeln mit den Handflächen nach oben, Kopf gerade und ein Lächeln im Gesicht, damit sich Deine Gesichtsmuskeln auch entspannen.

Nun spüre Dein Energiefeld / die Aura / und stelle Dir einen Lichtkanal von ca. 3 Meter Ø vor, der Deinen Körper umgibt.

Jetzt bitte die Aufmerksamkeit auf die Füße richten und aus den Fuß-Chakren Lichtröhren ausdehnen lassen; bis zum Mittelpunkt der Erde. Dort befindet sich eine riesengroße goldene Lichtkugel (symbolisch das Herz der Mutter Erde), die symbolisch für Kraft und Stärke der 4 Elemente (Erde, Feuer, Luft, Wasser), Liebe, Mitgefühl und Geborgenheit der Mutter Erde, Heilkraft der Pflanzen und Edelsteine, sowie die Fülle und den Reichtum (Goldkammer) der Mutter Erde steht. Lasse Deinen Lichtstrahl verschmelzen / verankern mit der goldenen Kugel im Bauch der Mutter Erde.

Jetzt atme einige Male tief ein und lasse das goldene Licht in der Lichtröhre empor strömen, und fülle Deinen Körper mit der goldenen Lichtenergie auf. Gehe dabei in der Vorstellung durch alle Knochen, Muskeln, inneren Organe, Nervensystem und den Blutkreislauf. Und zum Schluss ziehst Du das goldene Licht über Deine Haut und stellst Dir vor, wie sie geglättet wird und Unebenheiten verschwinden.

Wenn Du Dich richtig gut fühlst, dann atme das goldene Licht und die Energie nur bis zum Bauchnabel ein und stelle Dir vor, wie dort eine Lichtkugel entsteht. Lade die goldene Lichtkugel im Unterleib mit noch mehr Licht auf, bis Du einen kraftvollen, großen, lichtvollen, goldenen Ball / Lichtkugel wahrnehmen kannst. Verbinde Dich noch einmal bewusst mit der Mutter Erde und danke ihr, dass sie Dich trägt und nährt, und bedanke Dich auch für die vielen Gaben. Nun noch einmal tief einatmen und jetzt das goldene Licht um Dich herum in den Lichtkanal hoch ziehen bis zum Scheitel.

Nun gehe mit Deiner Aufmerksamkeit in den Scheitel und lasse eine Lichtsäule wachsen bis ins Universum, verbinde Dich mit allem, was ist.

Lasse nun die Energie der grenzenlosen Schöpferkraft, bedingungslosen Liebe und allumfassende göttliche Heilenergie hinabfließen und spüre, wie diese Energie Deinen Körper durchströmt. Wie ein Lichtwasserfall ergießt sich das weiße Licht durch Deinen Scheitel, durch Deinen ganzen Körper bis in die kleinste Zelle.

Jetzt spüre in Dein Herzzentrum in der Mitte der Brust. Stelle Dir vor, wie sich vom Herzzentrum eine ca. 10 cm Ø Lichtsäule durch den Scheitel bis zum Herzzentrum Deiner Göttlichen Seele ausdehnt (ca. 10 bis 15 Meter Höhe). Achte darauf, dass die Lichtsäule bis oben die 10 cm Ø beibehält. Dann atme einige Male tief und bewusst in dein Brustkorb / Herzchakra das strahlend weiße Licht ein und beim Ausatmen lasse das Licht sich in Dir ausdehnen. Jetzt bleibe mit Deiner Aufmerksamkeit in Deiner Mitte, entspanne und spüre einfach in Deinen Körper. (siehe Bild auf Seite 58)

JETZT kannst Du ein Gebet sprechen, mit Deiner Göttlichen Seele ein Gespräch führen und Deine Wünsche abgeben.

Der Blick nach innen kann gewöhnungsbedürftig sein. Das ist nicht weiter verwunderlich. Schließlich befand man sich Jahre seines Lebens nur im Außen. Stelle Dir vor, Du verbringst mehrere Jahrzehnte Deines Lebens nur draußen. Die Sonne scheint und es ist sehr hell. Dann gehst Du das erste Mal seit Deiner Geburt in ein Haus. Dort ist es nicht so hell wie draußen und Deine Pupillen ziehen sich zusammen. Es dauert eine bestimmte Zeit, sich an die neuen Lichtverhältnisse zu gewöhnen. Doch nach und nach gelingt es Dir und die Dunkelheit verschwindet allmählich. Es wird wieder heller und heller. Und so ist es auch mit der Reise ins eigene Innere, wenn wir von der exoterischen Sichtweise zur esoterischen übergehen.

Es ist eine Umstellung unserer Sicht. Wir fangen an, ein inneres Licht wahrzunehmen. Es ist kein Licht wie im Außen, nein, es ist angenehmer. Es ist nicht heiß wie die Sonne und es blendet uns auch nicht. Es ist ein entspanntes und beruhigendes Licht. Und die Quelle dieses Lichtes ist kein von uns getrenntes Objekt, kein Himmelskörper, nein, die Quelle sind WIR SELBST.

Das bedeutet: Der Suchende hat sich selbst gefunden, er begegnet sich selbst und erkennt, dass er es war, nach dem er jahrelang gesucht hat. (siehe Bild auf Seite 59)

> **Die Zentrierung bewirkt, dass wir zu reinem Bewusstsein werden, empfänglicher sind für den Kontakt zur Göttlichen Seele und uns unseres innersten Kerns bewusst werden.**

Astralkörper-Reinigung

Im Gegensatz zur einmaligen Karma-Ablösung sollte die Astralkörper-Reinigung in regelmäßigen Abständen gemacht werden.

Was ist ein Astralkörper?

Der Astralkörper ist Träger des Emotional- und Mentalkörpers. Er hält unsere Gefühle, Gedanken und Energien. Ich spreche hierbei von Energien, die uns scheinbar unbewusst und fremdbestimmt handeln lassen. Man spricht hier von Schicksal oder auch Karma. Bildlich gesehen wird unser Körper als erste Schicht vom Ätherkörper umgeben. Dieser hüllt den sichtbaren Körper mit einer 10-15 cm dicken Energiewolke ein und bildet gleichzeitig einen Schutzschild gegen Bakterien und Schadstoffe. Der Ätherkörper ist Impulsgeber für unsere Lebenskraft, Vitalität und das äußere Erscheinungsbild. Der Ätherkörper bildet auch den Übergang zum Astralkörper. Der Astralkörper schwingt in seiner Frequenz etwas höher als der Ätherkörper. Die Aura des Astralkörpers strahlt, je nach Entwicklung, einen bis mehrere Meter vom physischen Körper ab. Innerhalb des Astralkörpers unterscheiden wir zwischen dem Emotionalkörper und dem Mentalkörper.

Der Emotionalkörper

Er ist zuständig für den Bereich der Gefühle, Emotionen und Charaktereigenschaften des Menschen. Er ist der Vermittler aller Empfindungen und Gefühle. In ihm spiegeln sich Ängste, Aggressionen, Freude und Liebe in aller Deutlichkeit und Klarheit wider. Er ist die »Gefühls - Kommunikation« im Umgang mit anderen Menschen. Diese Gefühle und Emotionen zeigen sich besonders im Bereich des Sonnengeflechts, das auch die Energieversorgungsquelle des Astralkörpers ist. Auf der Astralebene verbinden wir uns, oft unbewusst, mit dem, was wir selbst in uns tragen. Hier haben Sympathie und Antipathie ihren Ursprung.

Der Mentalkörper

Hier ist der Ort der Ideen und Gedanken. Die Schwingungsfrequenz ist höher, leichter und klarer. Er ist verantwortlich für unser schöpferisches Denken und die Art und Weise, wie wir Informationen, die vom physischen und spirituellen Körper (Seele) übermittelt werden, verstehen und für unsere geistige Entwicklung umsetzen können. Dem Mentalkörper kann mit einer bewussteren Lebensführung (Meditation, Selbstakzeptanz, Auseinandersetzung mit dem Schatten) aktiv Energie zugeführt werden. Er steht mit dem Stirn- und Kronenchakra in Verbindung. Sind diese beiden Zentren ausbalanciert, können Informationen und Botschaften jenseits der fünf Sinne wahrgenommen werden.

Der Spirituelle Körper

Wir nennen es die Göttliche Seele, auch spiritueller Körper oder Göttliches Höheres Selbst genannt, besitzt von allen feinstofflichen Körpern die höchste Schwingungsfrequenz. Er ist in ständiger Verbindung mit dem Göttlichen in uns, mit der Existenz und dem Ewigen. Er schöpft seine Energien aus den höheren Schwingungsfrequenzen wie Licht, Liebe und reinem Sein. Während sich der Ätherkörper ein paar Tage nach dem Tod eines Körpers langsam auflöst, so lebt der Astralkörper weiter und die Lebenskraft des Menschen kehrt in ihn zurück. Die Seele des Menschen wird nun in seinen Astralkörper gehüllt, wo alle Eindrücke aus dem gegenwärtigen und den vergangenen Leben liegen.

Was passiert bei der Astralkörper-Reinigung?

„Verunreinigungen" aus diesem und früheren Inkarnationen können das tägliche Leben belasten. Oft wissen wir nicht, wo die Ursache liegt. Die westliche Medizin ist meist ratlos bei solchen Symptomen. So werden Medikamente verschrieben, die nicht wirklich eine Heilung bringen, dafür aber zahlreiche schädliche Nebenwirkungen.

Durch meine Verbindung zum höchsten göttlichen Ursprung erhielt ich die Erlaubnis, eine Astralkörper-Reinigung bei Mensch und Tier durchzuführen. Was genau wird dabei bereinigt?

- Alle Schichten, Dimensionen und Ebenen
- Alle Chakren
- Alle Aura-Schichten
- DNA / RNA
- Alle Zellen sowie alle Zellzwischenräume
- Alle Unfälle
- Alle OP´s
- Alle Traumatas und Schocks

Eine Astralkörper-Reinigung bewirkt auch eine Vergebung von Seele zu Seele, so dass man sich reinigt von allen Disharmonien der kompletten Familie und allen Menschen, mit denen Du jemals zu tun hattest. Es findet durch tatkräftige Unterstützung von Erzengel Raphael, Deiner Göttlichen Seele sowie Jesus Christus eine Licht- und Energieheilung auf allen Ebenen statt, bis in die allerkleinste Zelle.

Die Befreiung des Astralkörpers von anhaftenden und negativen Energien wird von Erzengeln (z.B. mit Erzengel Metatron, Erzengel Michael, Erzengel Uriel, Erzengel Raphael) und aufgestiegenen Meistern (z.B. Jesus Christus) begleitet und unterstützt. Seit kurzem arbeitet mit uns ein Arzt aus einer hohen, geistigen Ebene zusammen. Er hat sich uns als "Gordon" vorgestellt. Hellsichtige- und feinfühlige Menschen können das Geschehen selber beobachten und feststellen wie sich das Befinden nach nur wenigen Minuten verändert.

Hier folgt eine Übersicht, in welchen Fällen eine Astralkörper-Reinigung hilfreich ist:

Bei Süchten

Eigentlich kann fast alles zur Sucht werden: Der Alkohol, das Internet, Shopping, Spielen, ja sogar Arbeiten – die Ursache kann ein schlechtes Karma sein. Regelmäßige Astralkörper-Reinigungen sind der Weg in ein suchtfreies Leben.

Bei hinderlichen Mustern, Glaubenssätzen und Überzeugungen

Jeder Mensch hat seine Ecken und Kanten. Wahrscheinlich hast Du Dich damit abgefunden und versuchst beispielsweise mit Unordentlichkeit, Pingeligkeit oder Nörgelei zu leben. Doch macht Dich das nicht manchmal unzufrieden, einfach nicht über den eigenen Schatten springen zu können? Glaubenssätze und Überzeugungen können zu einem großen Problem werden, da sie uns Scheuklappen auflegen und den Zugang zu Neuem verschließen. Auch hier empfehle ich regelmäßige Astralkörper-Reinigungen.

Bei Parasiten, Viren und Bakterien

Es ist allgemein bekannt, dass Viren und Bakterien krank machen. War Dir bewusst, dass dies nicht nur für die körperliche, sondern auch für die emotionale und mentale Ebene gilt? Ein sicheres Zeichen für Parasiten, Viren und Bakterien ist eine negative Grundeinstellung. Denk daran: Du kannst diese durch Astralkörper-Reinigungen schnell ins Positive umkehren.

Eine Sitzung für Astralkörper-Reinigung dauert ca. 45 Minuten. Wir zentrieren und verbinden uns dabei mit unserer Göttlichen Seele. Diese Verbindung dient auch als Schutz vor unerwünschten "Besuchern" aus der 4. Dimension. Außerdem wird von Metatron ein heiliger und geschützter

Raum geschaffen, in dem die Reinigung, beziehungsweise Befreiung, des Astralkörpers und somit auch der Seele geschehen kann.

> **Niemand von uns würde auf den Gedanken kommen, sein Zuhause jahrelang nicht aufzuräumen oder sich wochenlang nicht zu waschen. Und so sollten wir auch die Reinigung unseres Astralkörpers nicht vernachlässigen.**

Wie Karma-Ablösung das Leben verschönert

Lieber Leser, an dieser Stelle erwarten Dich weitere motivierende Erlebnisse meiner Klienten (die meisten Namen wurden geändert). Diese gelebten Erfahrungsberichte sollen Dich beflügeln, ermutigen, motivieren bis in die Zehenspitzen - und sie wollen Dir vor Augen führen, was eine Karma-Ablösung alles bewirken kann und zu was wir ohne Karma alles fähig sind. Es geht in diesem Buch vorwiegend darum, Dir eine andere Sicht auf das Leben nahezulegen, nämlich eine Sicht, die Dir klar aufzeigt, Dein volles Potenzial zu leben, frei von allen einschränkenden Blockaden.

Karma weg, Gesundheit da

Wie soll man sich glücklich fühlen und das Leben genießen können, wenn man an Tinnitus, Bluthochdruck, Schmerzen am ganzen Körper und Bindungs-Ängsten leidet? Diese Frage bekam ich vor einigen Monaten von einer Frau namens Simone gestellt, die an alledem litt und mich in ihrer Verzweiflung aufsuchte. Zuvor war sie bereits bei Ärzten, Heilpraktikern und Energieheilern gewesen – doch helfen konnte ihr niemand. Auch nahm sie teil an Kursen, Seminaren und Workshops (autogenes Training, Hypnose, Yoga), die einige Teilerfolge mit sich brachten, aber das Problem an sich nicht lösen konnten. Ich war so eine Art „letzte Chance" oder „Endstation" für sie, da sie keine Kraft mehr hatte, noch weiter nach Hilfe zu suchen. Wir führten ein Gespräch über ihre Beschwerden und ich fühlte mich in die Sache ein. Es war offensichtlich, dass Simone sich am Rande der Verzweiflung befand und nervlich derart zermürbt war, dass es ihr immer schwerer fiel, einen klaren Gedanken zu fassen. Ein „normales Leben" war schon lange nicht mehr möglich und ihre Sorgen fraßen sie innerlich auf. Sie fragte sich ständig, warum ausgerechnet ihr das Leben so übel mitspielt und was sie denn Schlimmes getan hat, um so leiden zu müssen. Simone war nicht alt und doch benahm sie sich so, als würde sie schon halb auf dem Friedhof liegen. Sie fühlte sich erschöpft, ausgelaugt, müde und leblos.

Glücklicher Weise hatten Simone und ich einen guten Draht zueinander, was bei ihr laut eigener Auskunft selten vorkam. So vereinbarten wir ziemlich schnell einen Termin, um ihre Probleme, die sie ihre ganze Lebenslust kosteten, anzugehen. Sichtlich aufgeregt kam sie am verabredeten Tag zu mir und ich führte eine zweieinhalbstündige Karma-Ablösung bei ihr durch. Eine solche Ablösung bewirkt für gewöhnlich die erstaunlichsten, positiven Effekte und bis zum gewünschten Ergebnis vergehen zwischen zwei bis sechs Monate – so lange dauert es, bis die karmischen Informationen alle Zellen verlassen haben.

Bei Erwachsenen beträgt die Ablösung des Karmas länger als bei Kindern (Simone war Ende vierzig). Ich freute mich darauf, ihr zu dem Bewusstsein zu verhelfen, dass Glück und Lebensfreude etwas völlig Natürliches im Leben sind. Ich konnte Simone keine Garantien geben, was sich genau tun würde nach der „Behandlung", aber ich versprach ihr, alles in meiner Macht Stehende zu tun, um ihr zu helfen. Mein Leitgedanke, den ich meinen Klienten zu vermitteln versuche, lautet: „Das Leben kennt keine Garantien, aber verinnerliche Dir folgenden Gedanken: Die gegenwärtige Situation muss nicht so bleiben, wie sie gerade ist. Es könnte alles gaaaanz anders sein. Viel schöner, besser, einfacher und vor allem glücklicher." Die wichtigste Erkenntnis dabei ist sicherlich die, dass man nichts zu verlieren hat, man kann dabei nur gewinnen. Die „Session" verlief in entspannter Atmosphäre und ich spürte, dass wir gerade dabei waren, in Simones Leben ein neues, glücklicheres Kapitel einzuläuten.

Etwas einen Monat später suchte Simone mich erneut auf und erzählte mir von ihren bisherigen Veränderungen. Der Tinnitus war nahezu gänzlich verschwunden, nur auf dem rechten Ohr machte er sich noch etwas bemerkbar. Auch der Blutdruck hatte sich erheblich verbessert, war jedoch noch ein klein wenig erhöht. Daraufhin führte ich bei Simone eine einstündige Astralkörper-Reinigung durch. Dabei vollzog ich eine sogenannte Kleinhirn-Harmonisierung, da dort der energetische Ursprung für Simones Beschwerden lag.

Vier Monate später war Simone ein neuer Mensch. Alle ihre Beschwerden gehörten vollständig der Vergangenheit an, die letzten noch verbliebenen Schmerzen waren wie von einem Wolkenbruch weggespült. Und was mindestens ebenso wichtig ist: Simones Lebensfreude war wieder da – UND WIE!!!!!! Sie war nicht mehr „leer wie eine Batterie", sondern strotze vor Energie und Vitalität, sie versprühte puren Enthusiasmus und war voller Schwung und Elan. Und auch ihr Selbstvertrauen machte einen regelrechten Quantensprung. Bislang war die Welt ihr so groß vorgekommen und sie selbst kam sich darin so klein und so unscheinbar vor – nun war das Gegenteil der Fall, sie fühlte sich mächtig und erhaben, und die Welt konnte ihr gar nicht groß genug sein. Ihre innerliche Wut, die sie jahrelang mit sich herum trug, war weg, so, als sei sie nie da gewesen. Es war wie ein Wunder. Das Leben war plötzlich nicht mehr etwas, was sie als Gegner betrachtete, nein, es war etwas, was richtig Spaß machen konnte, ein wunderschönes Abenteuer, eine freudige Herausforderung, die sie gerne annahm. Simone sagte mir, dass dieses Erlebnis das Unglaublichste war, das sie jemals erlebt hatte.

Vorbei waren ihre Orgien des Selbstmitleids, dafür fühlte sie innere Erfüllung und Freiheit. Sie erlebte sich selbst als ein glückliches, rundum zufriedenes, gesundes Wesen. Ihre positive Veränderung ging auch an ihrer Familie und an ihren Freunden nicht spurlos vorbei. Alle bemerkten plötzlich eine ganze neue „Wesensqualität" an ihr, eine viel lichtvollere Ausstrahlung und Wärme, und nicht zu vergessen eine unbändige Freude am eigenen Sein. Alle ihre karmischen Blockaden und Speeren waren nicht mehr da, so dass sie der Liebe keinen Widerstand mehr leisten konnten. Zum ersten Mal in ihrem Leben war Simone wirklich und wahrhaftig frei, und sie befand sich zum allersten Mal in der Lage, um über sich selbst hinaus zu wachsen. Nun war sie bereit, dem Leben zu vertrauen und mit dieser positiven Geisteshaltung fiel es ihr nicht mehr schwer, die Arme auszubreiten und das Lebensglück zu empfangen. Sie liebte ihr Leben, sie liebte sich und sie liebte die ganze Welt. Freude erfüllte ihre gesamte Existenz. Alles war gut!!!

Nun wusste Simone, dass man etwas tun kann, dass es einen Weg gibt, um das eigene Leben zu ändern, um „anfälliger" zu werden für Liebe, Glück und inneren Frieden. Das war für Simone ein derartiges „Aha-Erlebnis", so dass sie wenige Monate später eine Karma-Ausbildung bei mir absolvierte, mit dem Ziel, das Geschenk, das sie selbst erhielt, an andere Menschen weiter zu geben. Mein größtes Geschenk war es, zu sehen wie Simone vor lauter Freude lachte. Es war ein Lachen, welches mir deutlich zeigte, dass sich die Tore der Lebensfreude öffneten und dass Simone das Leben von der schönen und lustigen Seite nahm.

Aus „Feind" wird Freund

Es ist schon eine Weile her, als mich die Eltern des zehnjährigen Michaels aufsuchten. Ich kannte sie bereits von früher, als Michaels Mutter bei mir eine Karma-Ablösung erfuhr. Dabei waren damals auch Michael und seine Geschwister mit dabei, wobei sie von meiner spirituellen Arbeit jedoch wenig mitbekamen. Doch durch das damalige Kennenlernen war Michael mir nicht fremd. Seine Eltern sorgten sich nun um ihren Sprössling, weil er sich in der Klassengemeinschaft nicht wohl fühlte. Er wirkte verschlossen und verträumt, so dass er keinen Zugang zu anderen Kindern fand und ohne Freunde blieb. Dies war bereits in der Grundschule der Fall. Es war so, als sei Michaels Leben eine „Wiederholungssendung", in der sich immer dasselbe negative Szenario abspielte. Schlimmer noch war das Phänomen, dass Michael ständig gehässige Mitschüler anzog, die sich an ihm verbal austoben wollten – fast so, als sei er ein Magnet für Disharmonien. Michael wurde von besagten Mitschülern täglich geärgert und weinte deswegen immer öfter daheim. Das verstärkte seinen Drang, sich wie eine Schnecke in ihr Haus zurück zu ziehen und mit niemandem etwas zu tun haben zu wollen. Ein regelrechter Teufelskreislauf.

Es war für Michael alles psychisch sehr belastend, so dass es nicht weiter verwunderlich ist, dass sein Stimmungsbarometer auf „unter Null" sank. Sein Leben hatte für ihn jeglichen „Geschmack" verloren und es war eine einzige Last, so als ob er einen schweren Rucksack voller Steine mit sich herum schleppen würde. Und wenn es jemandem so dermaßen schlecht geht, dann neigt man dazu anzunehmen, dass man nichts dagegen tun kann und dass es auf ewig so weiter gehen wird. Dieses Gefühl der Hilflosigkeit übertrug sich auch auf seine Eltern, denn sie wussten sich keinen Rat mehr und waren mit ihrem Latein am Ende. Die Situation spitzte sich schließlich derart zu, dass seine Eltern Kontakt mit mir aufnahmen, womit wir wieder am Ausgangspunkt dieses Erfahrungsberichts sind.

Nachdem ich von Michaels Schwierigkeiten erfuhr, überlegten seine Eltern und ich gemeinsam, wie wir vorgehen wollten. Michaels Eltern vertraten die Meinung, dass es das Beste sei, ihrem Sohn nicht den genauen Zeitpunkt der Karma-Ablösung zu erzählen. Sie fragten mich, ob es möglich sei, Michael per „Fernbehandlung" von seinem Karma zu befreien. Grundsätzlich ist so etwas möglich, doch es bedarf dazu einiger Voraussetzungen. Zuerst nahm ich durch meinen Zugang zu Metatron mit ihm Kontakt auf. Die Antwort war ein eindeutiges JA und stellte somit keinen Eingriff in den freien Willen dar. Als nächstes benötigte ich Michaels Geburtsdatum. Nachdem diese Voraussetzungen erfüllt waren, machte ich mich sogleich per Fernbehandlung an die Karma-Ablösung, die ungefähr eine Stunde in Anspruch nahm. Ein Aspekt des Lebens endet, ein anderer, glücklicherer beginnt. Und man kann bedenkenlos sagen, dass der Tag der Karma-Ablösung der Tag war, an dem es in Michaels Leben zur großen Wende kam. Tags darauf rief mich seine Mutter aufgeregt an und teilte mir mit, dass ihr Sohn die gestrige Energie wahrgenommen hatte. Er fühlte sich freier, leichter und entlasteter – so, als sei er schwere Gewichte losgeworden, die ihn zuvor belasteten. Sie war angesichts dieser kleinen Veränderung mit purer Freude erfüllt, doch ich sagte ihr, dass das erst der Anfang war, denn die großen äußeren Veränderungen würden sich erst noch zeigen und für noch mehr Freude sorgen.

Gleich am nächsten Tag kam Michael von der Schule nach Hause und erzählte, dass er zum ersten Mal seit Monaten nicht geärgert worden war – und er wusste selber nicht, warum. Das unbeschreibliche Glücksgefühl, welches dabei aufkam, ließ ihn und seine Eltern zwei aufeinander folgende Nächte kaum schlafen. Sie erfuhren Glückseligkeit in einem viel umfassenderen Sinn, als sie sie bis dahin kannten. Spätestens in diesem Moment wurde die Theorie zur Praxis und es stand für sie fest: Karma-Ablösung schafft Heilung und erspart eine Menge Kummer und Unzufriedenheit. Sie schafft die Ausstrahlung, die alle Probleme verschwinden lässt. Doch das war noch lange nicht alles, es geht noch weiter.

Eine Woche später fand ein Elternabend von Michaels Klasse mit dem Hauptthema Mobbing statt. Michaels Mutter traute ihren Ohren kaum, als eine andere Mutter sagte, dass sie seit einer Woche bemerke, dass sich die Atmosphäre in der Klasse plötzlich entspannt habe. Das entsprach genau dem Zeitpunkt, als ich bei Michael die Karma-Ablösung ausführte. Durch die Karma-Ablösung bei Michael erfolgte eine Kettenreaktion weiterer energetischer Umstände, die zum Wohle aller beitrug (was nicht weiter verwunderlich ist, da wir bereits in einem früheren Kapitel gesehen haben, dass wir alle eins sind und dass alles zueinander in Wechselwirkung steht). Seitdem Michael karmafrei und glücklich war, erfüllte er auch seine Umgebung mit dieser Energie, sie floss aus ihm mühelos wie ein Fluss ins Meer fließt und somit wurde Michael zur Wohltat FÜR ALLE.

Wie ging es weiter? Seit der Karma-Ablösung ging es Michael immer besser und besser. Er wirkte ausgeglichen und glücklich. Im Mai wurde er von einem Klassenkameraden, der ihn vorher immer geärgert hat, sogar zum Geburtstag eingeladen. Seit dem sind die beiden feste Freunde. Zuvor sah Michael sich als leidenden Unglückspilz und auf einmal war er ein vom Glück Verfolgter. Michael selbst sagte, dass er sich so leicht vorkommt, als würde er fliegen. Er hatte so gut wie keine Albträume mehr. Auch Ängste z.B. vor Achterbahnen sind vollständig verschwunden. Auch konnte er plötzlich alleine in seinem Zimmer schlafen, was vor der Karma-Ablösung undenkbar war.

Nach den Erlebnissen mit Michael hat auch sein Vater sich von mir als letzter der fünfköpfigen Familie das Karma ablösen lassen. Auch er verlor daraufhin etliche Ängste. Alle möglichen Blockaden und Hindernisse, die das Leben jahrelang behinderten, lösten sich von Tag zu Tag mehr auf und er war erfüllt von einem Gefühl von Freiheit und Freude. Alles fühlte sich plötzlich so rund und richtig an. Er spürte auch, dass er sich getrennt fühlte vom Familienstrang seiner Familie, was er als unglaublich befreiend empfand. Diese Erfahrung veränderte sein Leben, seine Überzeugungen, einfach alles. Heute betrachtet Michaels Vater den Tag der Karma-Ablösung als einen Neuanfang in seinem Leben und weiß, dass es jederzeit möglich ist, Veränderungen im Leben einzuleiten.

Alte Liebe neu entdeckt

Christel war eine Klientin von mir, die bereits seit ihrer Kindheit sehr spirituell lebte. Ich lernte Sie als regelmäßige Teilnehmerin meiner Meditationsabende kennen. Sie war verheiratet und nach außen hin schien die Ehe intakt zu sein, doch innerlich kriselte es ganz gewaltig. Es kam regelmäßig und in immer kürzeren Abständen zu Streitereien. So war z.B. ein Reibungspunkt der, dass Christel Vegetarierin war und ihr Mann Fleisch verzehrte. Aber auch in anderen Bereichen gab es ständig Differenzen und Meinungsverschiedenheiten, welche die Ehe stark belasteten. Die „Chemie" stimmte einfach nicht mehr und das Leben war eher ein Nebeneinander als ein Miteinander. Es flossen in dieser Zeit auch viele Tränen und es gab zahllose schlaflose Nächte. Aussprachen und Diskussionen bewirkten meist nur, dass sich die Fronten noch mehr verhärteten. Bereits seit drei langen, sich endlos hinziehenden Jahren spielte Christel mit dem Gedanken, sich von ihrem Mann zu trennen. Doch wie sagt man: Die Hoffnung stirbt zuletzt – und so blieb sie in einer Ehe, die sie eher als Gefängnis empfand, welche ihr die Luft zum Atmen nahm.

Die Lage wurde dadurch jedoch nicht besser, sondern schlimmer. Einerseits wollte sie ihre Ehe nicht einfach so aufgeben, andererseits ging sie an ihr seelisch zugrunde. Mit der Zeit erschien ihr alles so sinnlos und sie hatte keinen blassen Dunst, wie ihr Leben weitergehen sollte.

Als sie erfuhr, dass ich Karma-Ablösung anbiete, vereinbarte sie sofort einen Termin bei mir. Das war zu einer Zeit, an dem sie wirklich und wahrhaftig weder ein noch aus wusste. Christel war nach jahrelanger unglücklicher Ehe ziemlich ausgebrannt und mental ganz unten – und es war gut, dass sie sich für die Karma-Ablösung entschieden hatte. Wir besprachen ihre Situation, ein Fragebogen wurde ausgefüllt und dann legte ich los. Die Karma-Ablösung dauerte etwa zwei Stunden und war für Christel ein zutiefst berührendes Erlebnis. Nur kurze Zeit danach überschlugen sich die Ereignisse. Christel spürte ein tiefes Gefühl des Glücklichseins, der Unbeschwertheit und des inneren Friedens. Es bildete sich in ihr das Gefühl des Vertrauens, dass ihr ihre Ehe und das Leben selbst mehr zu bieten haben, als sie bislang angenommen hatte. So viel Aufbruch hatte sie ihr ganzes Leben lang noch nicht gespürt.

Und was tat sich im Außen? Eine ganze Menge: Ihre Beziehung zu ihrem Mann ist seit dem von einer besonderen Liebe, Harmonie und emotionalen Nähe erfüllt, was sie viele Jahre mit ihm nicht mehr erlebte. Die Streitereien lösten sich auf, man sah im Partner nicht mehr ein Problem, sondern setzte sich zusammen und ging Probleme gemeinsam an. In Christels Leben sind seitdem nur noch sehr liebevolle Menschen, die ihr herzlich und wohlwollend zugewandt sind. Zudem erlebt sie seit der Karma-Ablösung eine besondere innere Wachsamkeit, Achtsamkeit und Feinsensibilität. Es war so, als hätte sie einen jahrelangen Fluch überwunden, als hätte sie die absolute Kontrolle über ihr Leben erlangt. An eine Trennung von ihrem Mann war nicht mehr zu denken, denn dafür bestand ja überhaupt kein Grund mehr.

Schließlich beauftragte sie mich auch eine Karma-Ablösung bei ihrem Mann durchzuführen. Und wieder folgte eine positive Erfahrung nach der nächsten. Sein gesamtes Verhalten wurde freundlicher, verständnisvoller und herzlicher. Beide strahlten Liebe aus und transformierten die zuvor von unvereinbaren Standpunkten geprägte Beziehung in eine liebevolle und von gegenseitiger Wertschätzung bestimmte Partnerschaft. Nach einem langen steinigen Weg strahlten beide plötzlich eine tiefe Zufriedenheit aus. Wie schaut es heute aus? WUNDERSCHÖN! Christel und ihr Mann gehen aufeinander ein, schätzen die Meinung des Anderen und haben ein offenes Ohr füreinander. Kaum vorstellbar, wenn man weiß, wie disharmonisch die Zustände zuvor waren. Von „am Boden zerstört" zu „Wolke sieben". Es war der reinste Wahnsinn (im positiven Sinne). Das Ganze war wirklich nicht mehr und nicht weniger als ihr ganz persönliches WUNDER!!! Und damit keine Missverständnisse entstehen: Wer nicht an Wunder glaubt, ist kein Realist. Wunder sind im Grunde reine Gewöhnungssache. Kommt es erst einmal oft zu WUNDER-vollen Erfahrungen, sind Wunder nichts Außergewöhnliches mehr. Und eines sollten wir dabei nie außer Acht lassen: Ist das Karma weg, kann die Liebe wieder ungehindert fließen. Und Liebe selbst ist die beste

WUNDERKUR, die es gibt!!! Und Christels größte Erkenntnis aus alledem war, dass es ungemein wichtig ist, sich neu zu orientieren und etwas zu unternehmen, wenn das Leben uns nicht glücklich macht. Betrachten wir alle unser persönliches Glücksgefühl als eine Art Barometer, an dem ablesbar ist, ob es uns gut geht oder nicht.

Von ganz unten auf Wolke sieben

Als Alexander mich aufsuchte, damit ich bei ihm eine Karma-Ablösung durchführe, war er anfangs skeptisch, dass ich ihm wirklich helfen kann. Ich kannte ihn von einem geschäftlichen Event, bei dem ich ihm von meiner Arbeit erzählte. Was war der Grund mich aufzusuchen? Nun, er war seit Jahren chronisch schlecht gelaunt, unbegründet gestresst und regte sich über fast jede Kleinigkeit sehr auf. Das wirkte sich natürlich auch negativ auf sein Umfeld aus. Alexander fühlte sich absolut gegen den Strich gebürstet in seinem innersten Dasein. Da war diese innere Unruhe, die ihn rast- und ruhelos machte. Entspannung war für ihn ein Fremdwort, denn er musste sich dauernd mit etwas beschäftigen. Man könnte fast sagen, dass er sich hyperaktiv verhielt. Außerdem belasteten ihn enorme Existenzängste, die ihn abwärts zogen. Wenn er in punkto Geld an seine Zukunft dachte, war ihm ganz und gar nicht wohl. Bevor er mich aufsuchte, war er auf den unterschiedlichsten Workshops gewesen, die allerdings weder an seinem unglücklichen Gemütszustand noch an seiner finanziellen Situation etwas ändern konnten. Wie eingangs erwähnt, war Alexander zunächst einmal skeptisch, ob ich ihm wirklich helfen kann. Warum er dennoch den Versuch unternahm? Nun, für mich persönlich stellt es sich so dar: Man ist in einer Sackgasse und die zwingt einen zu einer Umkehr, also krempelt man die Ärmel hoch und tut Dinge, an die man vorher nie gedacht hat – Hauptsache, man bricht aus dem unseligen Kreislauf des Unglücks aus. Ich denke irgendwann erreicht jeder von uns Mal den Punkt, an dem ein freudloses Dasein ihm gegen den Strich geht und bis zum Hals heraus hängt.

Die Karma-Ablösung dauerte circa zwei Stunden. Als Resultat, dass wir sein Karma mit Liebe entließen, fiel Alexander sein harter beruflicher Alltag seither sehr viel leichter, sein Verhältnis zu Kollegen und zu seiner Lebensgefährtin hatten sich deutlich verbessert und er fühlte sich bereits kurz nach der Behandlung erfrischt, ausgeruht und belebt. Auf gut deutsch gesagt: ER FÜHLTE SICH GROSSARTIG. Seine innere und äußere Welt waren wieder im Gleichgewicht und er „blühte" nach jahrelanger Trostlosigkeit endlich wieder auf. Keine Spur mehr von schlechter Laune und Hyperaktivität. Er war nicht mehr außer sich vor Beschäftigungsdrang, sondern in sich zentriert, ruhig und gelassen. Sein ganzes Leben leuchtete nach der Karma-Ablösung in einem helleren und viel wärmeren Licht. Und Alexander fühlte sich plötzlich auch allen Situationen gewachsen, seine Existenzangst war nicht länger etwas Bedrohliches, sondern sie veränderte sich in die Entscheidung, die Dinge anzugehen und zu transformieren. Das ist zu Alexanders zweiten Natur geworden: Jedwede Lebenslage als eine Chance zu begreifen.

Was aber am bemerkenswertesten ist, dass sich seine finanzielle Situation innerhalb von wenigen Monaten so sehr verbesserte, dass er gerade darüber nachdenkt, eine Immobilie zu kaufen. Der „Geldkanal" war offen und wurde nicht mehr durch einen karmischen Staudamm blockiert. In uns allen schlummert unbegrenztes Potenzial und ein jeder von uns darf die Fülle erleben, allerdings muss man die karmischen Barrieren ablösen. Ich wiederhole das so oft, weil es eine gewisse Zeit benötigt um „einzusinken". Je karmafreier wir sind, desto weniger Aufwand braucht es, um große Dinge im Leben zu bewegen. Nach einer Karma-Ablösung ist alles möglich und es gibt kaum noch Hindernisse.

Frei von Medikamenten

Steffi fragte sich jeden Morgen, wenn sie aufwachte, warum sie eigentlich noch aus dem Bett stieg. Sie litt an Depressionen, innerer Unruhe und einer Aufmerksamkeitsdefizitstörung. Steffi lebte zwar, sie atmete und ihr Herz schlug, aber der Glanz des „Lebendigseins" war weg. Sie lebte nur mechanisch, ihr Blick war leer und ihre Ausstrahlung vollkommen ohne Freude und Begeisterung. Sie war zum Zuschauer des eigenen Lebens geworden, völlig passiv und mutlos. Bereits seit über vierzig Jahren nahm sie das Medikament Ritalin und andere pharmazeutische Mittel mit all ihren schädlichen Nebenwirkungen ein. Ihr größter Wunsch war, nicht länger auf diese und andere Tabletten angewiesen zu sein. Trotz ihrer vorherrschenden Mutlosigkeit konnte sie sich dazu aufraffen, mich aufzusuchen und sich zu erkundigen, ob ich Mittel und Wege kenne, um ihr zu helfen.

Ich schlug ihr eine Astralkörper-Reinigung vor. Steffi hatte so ihre Zweifel, ob ihr das bei ihrem Problem wirklich helfen würde. Ich sagte ihr: „Du hilfst dir selbst, wenn du dir von anderen helfen lässt. Lass es doch einfach auf einen Versuch ankommen. Auch wenn du skeptisch bist, betrachte das einfach als eine neue Stufe in der Schule des Lebens." Diese Sichtweise gab ihr etwas Energie, ihren Kopf nicht vollends in den Sand zu stecken. Denn wie sagt der Volksmund: „Steckst Du heute den Kopf in den Sand, knirschen am nächsten Tag Deine Zähne." Steffi ließ sich also darauf ein und so stand der Astralkörper-Reinigung nichts mehr im Wege. Diese nahm eine gute Stunde in Anspruch und bereits während dieser Stunde spürte Steffi, wie eine angenehme Wärme sie durchflutete. Ich selbst konnte wahrnehmen, dass etwas in ihr hell zu strahlen anfing. Die Wirkung in der Außenwelt ließ nicht lange auf sich warten, es lag auf einmal Veränderung in der Luft. Schon kurz nach der Astralkörper-Reinigung setzte Steffi das Ritalin und andere Medikamente (Antidepressiva) ab. Es kam nach der Absetzung auch nicht zu „Überraschungsdepressionen". Steffi fühlte sich innerlich gestärkt, erfüllt, befreit und entspannt. Sie konnte es kaum glauben und war ebenso begeistert wie überrascht. Von da an lag sie nach dem Aufwachen nicht mehr träge und müde im Bett herum, sondern war voller Tatendrang und Energie. Es war der totale Bruch mit der Vergangenheit, so, als ob man den Reset-Knopf gedrückt und das ganze Leben ein Update erfahren hat. Es fühlte sich für Steffi soooo gut an, das Leben zu leben, das sie schon immer leben wollte. Und dieses neue Wohlbefinden hält bis heute an.

Innere und äußere Fülle

Als Thomas mich kontaktierte, damit ich sein Karma ablöse, stand er kurz vor dem finanziellen Ruin. Er war selbstständig tätig im Bereich Designer-Möbel. Trotz mannigfaltiger Werbung fand er kaum noch Abnehmer für seine Ware, so dass er bald kaum noch über die Runden kam. Thomas musste den Gürtel immer enger schnallen und als es schlimmer wurde, sah er sich sogar gezwungen, bis auf einen Tisch und eine Couch alle eigenen Möbel zu verkaufen, um sich über Wasser zu halten.

In seinem Leben hatte er damals ohne Zweifel einen katastrophalen Höhepunkt der Negativität erreicht. Schimpftriaden auf das Leben waren zu dieser Zeit an der Tagesordnung, denn SO machte das Leben keinen Spaß. Die finanzielle Krise in seinem Leben entwickelte sich im Laufe der Zeit zu einer SINN-Krise, so dass ihm sein gesamtes Leben ohne Sinn vorkam. Per Telefon führte ich schließlich eine zweistündige Karma-Ablösung bei ihm durch. Vier Monate später kam die Wende. Ohne zusätzlich Werbung betrieben zu haben, erhielt Thomas aus heiterem Himmel Aufträge im Volumen von etwa 35'000 Euro. Thomas traute seinen Augen nicht. Er war wieder voll da – wie ein Phönix aus der Asche. Er floss über vor Glück und war vor Freude ganz aus dem Häuschen.

Vor der Karma-Ablösung dachte Thomas, das Pech hafte an ihn wie ein Kaugummi, danach fühlte er sich wie ein echter „Hans-im-Glück". Wer einmal von dieser inneren Freude gekostet hat, kommt auf den Geschmack. Wer so etwas erlebt, kann nicht mehr so weiterleben wie bisher. Es ist so, als würde sich innerlich ein Hebel umlegen – eine neue

Energie macht sich bemerkbar, die den ganzen Körper durchströmt. Thomas' gesamte Sichtweise veränderte sich, er überdachte sein komplettes Leben noch einmal neu und seine Grenzen dehnten sich immer weiter aus. Man kann auch sagen, dass er in ein neues, glücklicheres und vor allem größeres Leben hinein wuchs. Ein Leben mit VIEL MEHR MÖGLICHKEITEN. So dachte er z.B. nicht mehr in solch eingeschränkten Bahnen wie „Was bringt mir wohl die Zukunft?", sondern voller Selbstbewusstsein: „Wie gestalte ich mir meine Zukunft?"

Natürlich ging das nicht von heute auf morgen, nein, es war ein stufenweiser Prozess, da die Ablösung des Karmas eine gewisse Zeitspanne benötigt. Es wird sich während dieses Prozesses nach und nach eine Veränderung ergeben. „Das geht nicht" wird zu „Es ist nicht unmöglich", dann verwandelt es sich in ein positives „Es ist möglich", als nächstes wird es zu einem „Es ist wahrscheinlich", bis es schließlich zu einem „Ich weiß, dass ich es schaffe" wird. Die gesamte Energiesignatur des Menschen wandelt sich, das störende Karma steht dem Lebensglück nicht länger im Weg. Thomas vergegenwärtigte sich, was durch die Ablösung des Karmas alles möglich ist. Er wusste nun voller Gewissheit: Manchmal erscheint das Ende des Weges als eine Sackgasse. Wenn man aber weitergeht und sich nicht entmutigen lässt, merkt man, dass der Weg nur einen Knick macht. Das war ihm laut eigener Aussage noch nie so klar gewesen, wie in jenem Moment und war ein ganz gewaltiger Erkenntnissprung. Mein Anliegen ist es, dass auch Du, lieber Leser, zu dieser Erkenntnis gelangst - ohne den geringsten Zweifel daran. Wie gesagt, dieses Buch hat es sich zur Aufgabe gemacht, Dir Einsichten und Erkenntnisse aus meinem und dem Leben meiner Klienten zu vermitteln, damit auch DU den größtmöglichen Nutzen daraus ziehen kannst.

Dies ist nur ein winziger Auszug aus meiner Karma-Arbeit. Weitere Erfahrungsberichte gibt es auf meiner Internetseite zu lesen.

Seit über 20 Jahre leitet und lehrt mich Metatron. Er hat mich Stufe für Stufe in die siebte und höchste Ebene der Erzengel-Energie geführt. Er ist mein Mentor und geistiger Führer.

Nur dank seiner Unterstützung ist es mir heute möglich, dass ich hilfesuchenden Menschen den Dienst der Karma-Ablösung anbieten kann.

Wir sollten nie damit aufhören, für diese Gnade, die uns zuteil wird, dankbar zu sein.

Metatron, König der Engel und Hüter der Akasha-Chronik, gemalt von H.G. Leiendecker. Die sieben Kreise im Torbogen versinnbildlichen die sieben Stufen.

Es gibt nichts „zu Großes" oder „Unerreichbares", da alles denselben Prinzipien unterliegt. Es ist alles nur eine Frage des Karmas.

Das Leben nach der Karma-Ablösung

Wenn jemand abnehmen möchte und aus diesem Grund täglich mehrere Kilometer joggen geht, dann ist das ein guter Anfang. Aber wenn er nach dem Joggen drei kalorienreiche Torten zu sich nimmt, dann wirkt er seinem Ziel entgegen und hebt die positive Wirkung des Joggens auf. Übertragen auf unser Buchthema möchte ich damit sagen, dass eine Karma-Ablösung zwar unglaublich befreiend wirkt, aber dass es auch wichtige Dinge nach der Karma-Ablösung zu beachten gilt. Rufen wir uns ins Gedächtnis, dass wir durch unsere Gedanken und Gefühle ununterbrochen Realität erschaffen und somit auch neues Karma. Es wäre also angebracht, nach einer Karma-Ablösung nicht gleich neues Karma zu erzeugen. Nachfolgend erhältst Du Tipps und Hinweise, wie Du für eine permanent positive Energieschwingung sorgen kannst. Die dabei Ausschlag gebende Frage lautet:

Welche Voraussetzungen würden uns optimal bei der Bildung positiver Gedanken und Gefühle unterstützen?

UV-Licht aufnehmen

„Die Sonne ist die Universalarznei aus der Himmelsapotheke."
August von Kotzebue

Wir Menschen brauchen in dieser Dimension UV-Licht, da unsere Zellen Lichtdatenträger sind, die das Licht speichern. Nur 25% des Sonnenlichts nehmen wir durch die Augen auf. Dreiviertel des Sonnenlichts wird über die Haut aufgenommen und stärkt den menschlichen Organismus, senkt den Blutdruck, erzeugt Glückshormone, verbessert die Herzwerte, stärkt das Immunsystem, verhindert Karies, regt den Stoffwechsel an, unterbindet Hautkrankheiten und hilft bei der Bildung von Vitamin D im menschlichen Körper. Aus diesen Gründen begebe ich mich so oft es geht in die Sonne. Dabei befürchte ich persönlich keine Erkrankungen durch das Sonnenlicht, wie es die Medien uns gerne einreden wollen. Viele unabhängige Wissenschaftler bezweifeln die Medienkampagnen bezüglich des Ozonlochs und der ach so gefährlichen Sonnenstrahlung. Durch diese Medienkampagnen stieg übrigens der Umsatz von Kühlmitteln von 2 auf 30 Milliarden Dollar.

In den letzten Jahrzehnten hat die tägliche Sonnenlichtaufnahme sich von mehreren Stunden auf ein paar mickrige Minuten reduziert. Im Jahre 1870 waren noch 90% aller Europäer täglich „in der Sonne", 1970 nur noch läppische 10%. In dieser Zeit hat sich der natürliche Sonnenlicht-Mensch zu einem Kunstlicht-Menschen verwandelt und verbringt 90% seiner Tageszeit in geschlossenen Räumlichkeiten mit Kunstlicht. Es müsste jedem halbwegs denkenden Menschen sofort klar sein, dass solche Fehlentwicklungen nicht ohne gesundheitliche Folgen bleiben. Vitamin D-Mangel ist die Folge und diese öffnet einer ganzen Reihe von Krankheiten Tür und Tor, wie z.B.: Multiple Sklerose, Parkinson, Alzheimer, Fibromyalgie, chronische Erschöpfung, Epilepsie, Muskelschwäche, Diabetes, Depressionen, Schizophrenie, Herz-Kreislauf-Probleme, Hautprobleme, vorzeitige Alterung, Migräne, Immunschwäche, grippale Infekte und viele andere mehr.

Angst vor Hautkrebs ist unbegründet, wenn man die Sonne dosiert geniest. Nach Dr. Young und nach meinen eigenen Erfahrungen, braucht der Mensch (je nach Verträglichkeit) anfänglich täglich 10-20 Minuten (Hellhäutige), langsam steigernd bis 90-120 Minuten täglich (Dunkelhäutige) direkte Sonnenbestrahlung auf bloßer Haut für eine optimale Vitamin D-Versorgung. Um das optimale Vitamin D-Niveau zu erreichen, sollten wir mindestens 85 Prozent der Haut der Mittagssonne aussetzen (zwischen 11 und 15 Uhr).

Konventionelle Gesundheitsexperten und zahlreiche Medien suggerieren uns ständig, dass wir die Sonne meiden sollten. Sie behaupten, sie sei zu aggressiv und schädlich für die menschliche Haut, und wir sollten uns nicht ohne Sonnencreme sonnen. Sonnencreme verhindern jedoch, dass die Haut ausrechend Vitamin D bilden kann. Sonnenschutzmittel mit Lichtschutzfaktor 15 verhindert die Bildung von Vitamin D um 99,5 Prozent.

Bewusste Ernährung

Hier folgen einige Tipps zur bewussten Ernährung von mir als Ernährungsberaterin an Dich. Der Körper braucht klares reines Wasser und lebendige Nahrung. Was ist mit „Lebendiger Nahrung" gemeint? Lebensmittel Nummer 1 ist Wasser. Doch nicht jedes Wasser ist zum Trinken geeignet und schon gar nicht ist jedes Wasser gesundheitsfördernd. Das beste Wasser heutzutage gibt es noch in den Bergquellen. Doch wer von uns wohnt schon an einer Bergquelle? Reines, sauberes Wasser braucht der menschliche Körper, frei von Medikamenten- und Hormonrückständen, frei von Schwermetallen und Uran, nicht in den Plastikflaschen mit den schädlichen Weichmachern und versetzt mit nicht bioverfügbaren Mineralstoffen. Es gibt zum Glück heute sehr gute Filtersysteme, die aus Leitungswasser ein quellfrisches Wasser machen.

„Wasser, das aus nichts anderem besteht als Wasserstoff und Sauerstoff, ist reines Wasser."
Dr. Norman Walker

Trinke täglich viel Wasser (35ml reines Wasser pro Kilogramm Körpergewicht). Die Menge kann erhöht werden, wenn man z.B. täglich viel Sport treibt oder sich anderweitig körperlich anstrengt. Ohne die ausreichende Menge Wasser entstehen Falten und die Haut trocknet aus. Wasser versorgt Deine Haut, damit sie prall aussieht, sorgt für eine gute Verdauung, versorgt Dein Gehirn und Deine Zellen.

Der Unterschied zwischen LEBENSMITTEL und Nahrungsmittel ist für mich eindeutig. Lebensmittel enthalten LEBEN - also Obst, Gemüse, Kräuter und Nüsse. Alles, was eingepackt ist in Dosen, Plastiktüten, Schachteln, Gekochtes etc. oder auch Gefrorenes, nenne ich Nahrungsmittel. Frisches Obst und Gemüse sind Lebensmittel, die geben dem Menschen, lebendige Energie, Licht, Chlorophyll, Enzyme und Antioxidantien. Nahrungsmittel haben nur geringfügig Vitamine, Mineralstoffe und keine Enzyme, da diese bei der Verarbeitung und Kochen zerstört worden sind, ebenso wie die meisten Vitamine. Lebendig ist alles direkt nach der Ernte (Obst und Gemüse). Die natürlichen, lebendigen Vitalstoffe und das Licht in unserer Nahrung tragen hochfrequente Informationen und Botschaften, die unser Organismus zum Leben braucht. Am besten wäre es aus dem eigenen Garten. Natürlich hat nicht jeder einen Garten. Doch sollten wir bewusst unsere Nahrung da beziehen, wo wir wissen, dass es so natürlich wie möglich belassen ist. Biologisches Obst und Gemüse sind vorzuziehen, da dort bekanntlich weniger Rückstände von Pestiziden und chemischen Düngemitteln enthalten sind.

Die seit Generationen bestehenden Essgewohnheiten und die Werbung der Nahrungsmittelindustrie verhindern die ausreichende und optimale Versorgung unseres Körpers. Gekochtes, verarbeitetes und auf langen Transportwegen konserviertes Obst und Gemüse enthalten keinerlei Licht und Lebendigkeit mehr. Wir werden somit buchstäblich vom lebensnotwendigen Licht abgeschnitten. Dabei leben wir vom Licht und nehmen es auf, solange wir leben. Die Sonne versorgt uns mit diesem Licht und alle Pflanzen wie Obst und Gemüse, die wir zu uns nehmen, speichert dieses Licht. Ernähren wir uns von diesen Pflanzen, wird das gespeicherte Licht in unserem Körper wieder freigesetzt und erfüllt uns auf diesem Weg mit hochfrequenten Informationen, Gesundheit und Lebenskraft.

Aus Obst und Wildkräuter …

… wird ein leckerer Smoothie

Wir brauchen das Licht in der Nahrung und auch die Sonne. Mangelnde Sonne und „lichtarme" Ernährung führen zu Vitamin- und Mineralstoffmangel.

Es wäre optimal, mindestens 75 % des täglichen Nahrungsbedarfs, „lebendig" - also roh - zu sich zu nehmen. Ein Drittel Obst und zwei Drittel Gemüse ergänzt mit Kräutern, Wildkräutern, Samen und Nüssen. Diese können wir mit Leichtigkeit unterscheiden an ihren Farben. Kombinationen aus allen Farben bringt die optimale Versorgung des Körpers.

Grünes Gemüse enthält besonders viel Chlorophyll, Eisen, Kalzium, Magnesium, Vitamin C und Antioxidantien. Dazu gehören alle grünen Kräuter: Grünkohl, Brokkoli, Spinat, grüne Paprika und vor allem Wildkräuter, Brennnessel, Löwenzahn, Giersch und viele andere, sowie Getreidegrassaft von Dinkel, Weizen und Gerste. Das Blattgrün wirkt blutbildend, denn Chlorophyll ist mit dem Hämoglobin fast identisch.

Tipp:
Am besten Spinat oder Wildkräuter mit Apfel und Ananas zum Smoothie mixen, evtl. mit Datteln, Bananen oder Agavendicksaft süßen, und fertig ist ein chlorophyllhaltiges, vitamin- und mineralstoffreiches Getränk. Du kannst es täglich in verschieden Varianten ausprobieren. Chlorophyll wirkt säurebasenausgleichend.

Orange und gelbfarbenes Obst und Gemüse enthalten viel Beta–Carotin, gewöhnlich auch viel Vitamin C und Kalium. Möhren, Süßkartoffeln, Kürbis, Mango, Pfirsiche, Aprikosen, Ananas, Papaya und Orangen liefern dem Körper Vitamin A, welches Haut und Augen nährt. Als Fruchtsalat oder Frucht und Gemüsesaft sehr lecker. Ebenfalls als gemischter grüner Salat mit Gurken, Möhren, Tomaten, Paprika und alles, was Du gerade da hast.

Rote Obst- und Gemüsesorten erhalten ihre Farbe von Lykopin und Anthocyanin. Folgende Früchte und Gemüse enthalten viele Antioxidantien, Vitamine, Mineralstoffe, Magnesium, Kalzium, Zink, Folsäure sowie Ballaststoffe: *Himbeeren, Erdbeeren, rote Johannisbeeren, Cranberrys, Tomaten, Rotkohl, rote Paprika, rote Bete, rote Weintrauben, Granatäpfel, Kirschen.*

Blaue und violette Obst- und Gemüsesorten enthalten ebenfalls sehr viele Antioxidantien, die dazu beitragen, altersbedingte Abbauprozesse im Gehirn zu verlangsamen. Dazu gehören: *Brombeeren, Heidelbeeren, Rosinen, blaue Trauben, Feigen, Pflaumen und Rotkohl.*

Zur Ergänzung zur gesunden Ernährung sind *gesunde Öle* sehr zu empfehlen, besonders *Kokosöl*.

Welche Nahrungsmittel sollten wir meiden, um gesund zu bleiben?
Da gibt es so einiges:

- **Zucker**
  (Suchtmittel), das in allen Fertigprodukten und Fertiggerichten reichlich enthalten ist; angefangen von *Süßigkeiten, Chips, Fertigmüslis, Suppen und Gerichten; Zucker* verursacht Karies und übersäuert den Körper.
- **Weißmehl**
  Brotsorten mit Weißmehl, auch wenn diese als Vollkorn deklariert werden; nur in Bioläden oder Reformhäusern bekommt man 100% Vollkornprodukte
- **Fleisch**
  Dieses ist verseucht mit Hormonen und Medikamenten. Durch die nicht artgerechte Haltung und bestialische Tötung der Tiere sammelt sich in dem Fleisch (Tierkadaver, Tierleiche) eine

Menge negative Energie an, die dem spirituellen Erwachen absolut entgegenwirkt.
- **Kaffee**
und alle koffeinhaltigen Nahrungsmittel und Getränke (z.B. *Cola, Red Bull* usw.)
- **Fluor**
Enthalten in der *Zahnpasta* (es gibt genug fluorfreie Zahncremes auf dem Markt).
- **Aspartam**
Der Süßstoff mir vielen Nebenwirkungen. Bei seiner Verstoffwechselung entstehen gefährliche Nervengifte. In vielen *Süßigkeiten, Kaugummis und Softdrinks* enthalten.
- **Mikrowelle**
Die Mikrowellenstrahlung zerstört die Moleküle in der Nahrung und verwandelt die Nahrung in toxische und krebserregende Stoffe. Dabei entstehen freie Radikale. Wissenschaftliche Untersuchungen zeigen, dass austretende Strahlung von Mikrowellengeräten vor allem für Kinder schädlich ist.
- **Und natürlich nicht zu vergessen**: Alkohol, Nikotin, Drogen (auch in Tablettenform wie Aufputschmittel etc.)

Womöglich fragst Du nun: „Was soll/darf ich denn dann überhaupt noch essen?" Wenn Du den Anfang gelesen hast, wirst Du schnell sehen, dass es da eine Menge gibt. Wenn Du beabsichtigst, Deine Essgewohnheiten zu ändern, findest Du bei den Empfehlungen zu Internetseiten eine Menge Informationen. Setze Dich dabei nicht unter Druck, gehe nach Deinem eigenen individuellen Tempo vor, gehe die Umstellung langsam an, frage Gleichgesinnte und vor allem fange an bei allem, was Du tust, auf Dein Gefühl und Deinen Körper zu hören. Nach der Karma-Ablösung fällt auch die Essensumstellung wesentlich leichter, denn wo keine energetischen Blockaden sind, gibt es auch keinen Widerstand mehr wie vor der Karma-Ablösung. Auch bei einer geplanten Ernährungsumstellung bin ich Dir gerne behilflich, persönlich und/oder telefonisch.

Negative Energien auflösen

Alte, disharmonische Energien blockieren unsere Schwingung oft, deshalb sollte man diese auflösen. Alte Energie kann in alten Bildern und Fotos enthalten sein, die an einen Menschen, einen Ort oder eine Zeit erinnern, mit der man negative Erinnerungen verbindet. Auch in alten Briefen kann disharmonischer Energieballast enthalten sein. Getragene Kleider, vor allem Kleider von kranken Menschen nicht tragen. Erfahrungsgemäß ist die Energie trotz des Waschens nicht weg. Mein Tipp: in den Müll damit. Löse Dich von einer Vergangenheit, die Dich runterzieht. Das ist sie nicht wert und DU bist zu wertvoll, um disharmonisch zu schwingen. Entferne auch tote Pflanzen aus Deiner Lebensumgebung. Nimm keine fremde Kleidung, Möbel oder sonst etwas an, wenn Du Dir nicht sicher bist, wie die Energie desjenigen ist, der Dir etwas schenkt oder vererbt.

> *„In ein Haus, in dem die Freude lebt,*
> *zieht auch das Glück gern ein."*
> *Japanisches Sprichwort*

Wichtig ist es, nur das um und an sich zu haben, was uns energetisch stärkt und uns Freude schenkt. Ich selbst habe mich geistig, körperlich und auch häuslich „gereinigt". Glück und Erfolg kommen zu dem, der seinen Geist „rein" hält, sagt der Volksmund, und das deckt sich voll und ganz mit meinen persönlichen Erfahrungen.

Meditation (nach der Zentrierung)

Wichtig beim Erweitern des Bewusstseins ist es, sich nicht ständig ablenken zu lassen. Damit meine ich vornehmlich Dinge in der Außenwelt, auf die die Meisten unnötigerweise ihre Aufmerksamkeit richten und gedanklich lange bei ihnen verweilen. Anstatt ständig seine Augen auf die Außenwelt zu richten und dort alles zu beobachten, wäre es weitaus klüger und ratsamer, den Blick nach innen zu richten und sich selbst zu beobachten. Jede Entwicklung beginnt im Inneren, deshalb sollte man sich vorwiegend mit seiner inneren Welt beschäftigen. Die Wirkungen unserer Ursachensetzung im Außen sind Schnee von gestern. Nimm Dir jeden Tag Zeit für Dich, um meditieren zu können, so wie ich es tue. Gehe tief in Dich, tank neue Energie, erde Dich mit der Natur, atme das Leben ein und harmonisiere Deine Lebensenergie. Meine Erfahrungen bezüglich Meditation sind zu 100% positiv: Durch die tägliche Meditation lockert sich mein Körper, der innere Stress und psychische Spannungen werden abgebaut, die Konzentrationsfähigkeit nimmt zu, das innere Gefühl der Freiheit und des Einsseins mit dem Universum wächst, man fühlt sich energievoller, der richtige Atem wird geschult, das Bewusstsein verändert sich und ich fühle mich eins mit meiner Seele. Die dabei entstehende Harmonie ist der Schlüssel zum Bewusstseinssprung. Wer inneren Frieden in sich geschaffen hat, der wird keine Angst und keine Aggressionen mehr in sich spüren. Dann ist die Schwingung absolut harmonisch und friedfertig, so dass auch die Lebensumstände diese Form annehmen.

Lachen

Kinder lachen und spielen sehr gerne, doch je älter ein Mensch wird, desto weniger lacht er, und desto mehr sorgt er sich. Sorgen ziehen einen herunter, wohingegen Humor uns emporhebt, uns fliegen lässt vor Leichtigkeit. Lache täglich so oft es geht. Jede Minute, die Du mit Sorgen vergeudest, fehlt Dir fürs Lachen. Die Medizin weiß schon lange, dass das menschliche Immunsystem durch herzliches Lachen gestärkt wird. Während des Lachens werden Glückshormone (Endorphine) freigesetzt, welche die Ausschüttung des Stresshormons Adrenalin nicht zulassen. Auch unsere Chakren öffnen sich bei herzlichem Lachen und der Energiefluss im Körper kann ungehindert fließen. Optimale Voraussetzungen, um in ein höheres Bewusstsein zu gelangen.

„Das Glück kommt zu denen, die lachen."
Sprichwort aus Japan

Affirmationen

Affirmationen sind kurze, positive Sätze, die sich auf den Sprechenden beziehen und auf sein Unbewusstes einwirken, um es neu zu programmieren. Wenn man sie täglich mehrmals wiederholt, entsteht daraus früher oder später unweigerlich ein Glaubenssatz.

Hier einige Affirmationsbeispiele:

„Ich bin göttlich!"
„Das Glück ist mein ständiger Begleiter."
„Ich wurde geboren, um glücklich zu sein."
„Ich erlaube mir frei, reich, glücklich und erfolgreich zu sein."

Durch die ständige Wiederholung manifestieren sich die gesprochenen Sätze und die schöpferische Schwingung erzeugt einen neuen Glaubenssatz. Es ist schon erstaunlich, wie sehr man sich positiv beeinflussen kann, wenn man Affirmationen täglich über zwei Monate anwendet.

Sich seines Selbst bewusst sein

Vergegenwärtige Dir täglich, dass Du ein Teil des göttlichen Bewusstseins bist. Mache Dir jeden Tag aufs Neue klar, dass Du nicht der Körper bist, sondern dass Du eine unsterbliche, göttliche Seele bist, die einen Körper hat und über schöpferische Fähigkeiten verfügt. Verinnerliche Dir jeden Tag, dass Deine Gedanken und Gefühle Deine schöpferischen Werkzeuge sind, die Dir Deine Realität kreieren. Mache Dir klar, dass Dein Aufenthalt auf der Erde dafür da ist, um das Leben auf ihr zu bereichern.

Mehr fühlen, statt nur denken

Rein analytisch denkende „Kopfmenschen", die alles vom wissenschaftlichen Blickwinkel aus betrachten, halten sich selbst am Boden fest, ohne sich dessen bewusst zu sein. Ein höheres Bewusstsein bedeutet, sich seiner Schöpfermacht noch bewusster zu werden und seine Macht noch effizienter zu nutzen. Dies wiederum bedeutet noch mehr Lebenslust, noch mehr Lebensqualität und noch mehr Lebensglück. Es geht also gar nicht darum, immer mehr kalte Formeln auswendig zu lernen, zu einem Logiker a la Mister Spock zu mutieren und dadurch so nüchtern wie ein Schachcomputer zu werden. Das ist so, als würde man bei null anfangen und dann rückwärts gehen. Darüber würden auch die tollsten Zeugnisse und Zertifikate, die schön eingerahmt an der Wand hängen, nicht hinwegtäuschen können.

Wichtig ist es, das Leben intuitiv zu führen, auf seine innere Stimme zu hören, die mit unserem höheren Selbst / Göttliche Seele verbunden ist, das als einziges weiß, wo es Richtung Glück langgeht. Selbst der dümmste Mensch der Welt ist dem intelligentesten Menschen haushoch überlegen, wenn er liebevoll und glücklich ist. Denn nur das zählt für das Universum.

Destruktive TV-Einflüsse meiden

Was lenkt uns am meisten ab? Was hält uns davon ab, in unser Inneres zu blicken und bewusst zu schöpfen? Was sendet disharmonische Bilder, die wir konsumieren? Das Fernsehen. „Fernseh<u>programm</u>" bedeutet, dass das Fernsehen sein Publikum <u>programmiert</u>. Es will nicht nur Produkte durch Werbung verkaufen, nein, es verkauft auch fremde Meinungen, Weltbilder und Standpunkte, Mal in Form von Nachrichten, Mal in Form eines Films, mit angsteinflößenden und gewalttätigen Szenen, die mit emotionaler Musik unterlegt sind. Besonders Nachrichten erwecken den Eindruck, sie seien wichtig. Sie informieren uns, doch meist immer nur über Dinge, die uns Angst machen. „Tote machen Quote" ist das Motto der Medien und so präsentieren sie uns ungefragt Gewaltfilme und Katastrophennachrichten, die wir in uns aufnehmen. Alle geistigen Bilder in uns werden früher oder später in Form eines unbewussten Glaubenssatzes zu einem Teil unseres Lebens, da wir sie täglich unbewusst stundenlang aussenden. Dasselbe gilt für disharmonische Musik. Stellen wir uns dazu die Frage: MUSS man sich überhaupt mit Medien abgeben, wenn sie uns mit Angst füllen? Natürlich nicht! Keine Horroreinflüsse von außen bedeutet gleichzeitig keine Horror-„Kopffilme" mehr zu haben. Das Leben ist zu kostbar, um es mit solch disharmonischen Dingen zu vergeuden. Lesen wir stattdessen lieber ein harmonisches Buch, eine Erfolgsgeschichte, Biografien inspirierender Menschen, gehen wir in die Natur und schauen uns die Wunder des Lebens an, tun wir etwas für unsere geistige und körperliche Fitness, treffen wir uns mit liebevollen Menschen und haben Spaß. Befassen wir uns mit den Dingen, die unser Herz zum Leuchten bringen, die uns erfreuen und uns mit Freude füllen. Minimieren wir das Schädliche, maximieren wir dafür das Förderliche. Stell Dir vor, lieber Leser, Du siehst nur eine Stunde täglich weniger fern und beschäftigst Dich in dieser Zeit mit dem Verinnerlichen positiver Glaubenssätze. Du würdest dadurch 365 zusätzliche Stunden gewinnen, die Dir zur Verwirklichung Deines Wunschlebens zur Verfügung stünden.

Ein harmonisches Umfeld schaffen

„Die Umgebung, in der der Mensch sich den größten Teil des Tages aufhält, bestimmt seinen Charakter."
Antiphon

Stärke Deinen Glauben, gönn Dir täglich Freude und umgib Dich mit positiv denkenden Menschen. Ich persönlich halte mich vorwiegend dort auf, wo es am wahrscheinlichsten ist, die energetische Schwingung vorzufinden, die mir dabei behilflich ist, ein glückliches Leben zu erzeugen. Ich persönlich halte immer eine gesunde Distanz zwischen mir und negativ eingestellten Menschen, die über alles und jeden herziehen. Wenn man sich erst einmal negativer Einflüsse bewusst wird, ist es ein Leichtes, sie aus dem Leben zu werfen. Seien wir aber nicht sauer auf negativ eingestellte Menschen, denn niemand zwingt uns, ihre Einstellung zu übernehmen und mit ihnen, statt mit positiv eingestellten Menschen, unsere Zeit zu verbringen.

Harmonische Kommunikation

Achten wir stets auf die Qualität und den Sinn unserer Worte und der Themen, über die wir mit anderen sprechen. Selbst wenn wir jeden Tag etwas für ein schönes Leben tun, können negative Worte des allgemeinen Sprachgebrauchs dem entgegenwirken und alles kaputtmachen. Wir füttern unser Unterbewusstsein dann nämlich mit konkreten, negativen Anweisungen und Aufträgen. Vergessen wir nie, dass auch jedes gesprochene Wort „Schöpferkraft" in sich trägt und dass unser Unterbewusstsein kein „Virusprogramm" hat, welches prüft, was uns gut tut und was uns schadet. Halten wir uns darum an „die drei Siebe" des weisen Sokrates, die in der folgenden Geschichte gut erklärt werden:

Zum weisen Sokrates kam einer gelaufen und sagte: „Höre Sokrates, das muss ich dir unbedingt erzählen!" „Halte ein!" - unterbrach ihn der Weise, „hast du das, was du mir sagen willst, durch die drei Siebe gesiebt?" „Drei Siebe?", fragte der andere voller Verwunderung. „Ja, guter Freund! Lass sehen, ob das, was du mir sagen willst, durch die drei Siebe hindurchgeht: Das erste Sieb ist die Wahrheit. Hast du alles, was du mir erzählen willst, geprüft, ob es wahr ist?" „Nein, ich hörte es von meinem Nachbarn und..." „ So, so! Aber sicher hast du es im zweiten Sieb geprüft. Es ist das Sieb der Güte. Ist das, was du mir erzählen willst, gut?" Zögernd sagte der andere: „Nein, im Gegenteil..." „Hm...", unterbrach ihn der Weise, „so lass uns denn auch das dritte Sieb noch anwenden. Ist es notwendig, dass du mir das erzählst?" „ Na ja, notwendig nun nicht gerade..." „Also" sagte lächelnd der Weise, „wenn es weder wahr noch gut noch notwendig ist, so lass es begraben sein und belaste dich und mich nicht damit."

Lästern wir nicht über Politiker, die gegnerische Fußballmannschaft, Lehrer, Vorgesetzte, den Ex-Partner, andere Länder, reiche Leute usw., denn hier gilt: *„Was Peter über Paul sagt, sagt mehr über Peter als über Paul!"* Es gibt so viele schöne Themen, über die wir miteinander sprechen können – unsere Hobbys, unsere Erfolge, unsere Liebe, sympathische Menschen, schöne Filme, bezaubernde Orte – also tun wir es doch einfach.

Ersetzen wir generell negativ schwingende Worte durch positiv schwingende Worte. Anstelle von „arbeitslos" kann man „arbeitssuchend" sagen, statt von „dick" kann man auch von „stattlich" sprechen" und anstatt „Werbung" kann man auch „Information" sagen. Und so kann man beliebig lang weitermachen (halb leer-halb voll, Konkurrent-Mitbewerber, Einwand-Ergänzung, Problem-Herausforderung, schwer-ungewohnt usw.), bis man vornehmlich nur noch positive Wörter von sich gibt.

> **Jeder, der ein ernsthaftes Interesse daran hat, ein glückliches Leben zu führen, wird schädliche Einflüsse meiden und sich förderlichen Einflüssen öffnen.**

Lebe im HIER und JETZT

*„Unser wahres Zuhause ist der gegenwärtige Augenblick.
Wenn wir wirklich im gegenwärtigen Augenblick leben,
verschwinden unsere Sorgen und Nöte und wir entdecken
das Leben mit all seinen Wundern!"*
Thich Nhat Hanh

Nach einer Karma-Ablösung fällt es uns leichter, im Hier und Jetzt zu verweilen. Ob das wichtig ist, fragst Du? Sogar sehr wichtig. Warum? Weil das Leben immer nur JETZT stattfindet. Alles, was ist, ist JETZT. Der Großteil aller Menschen befasst sich entweder mit der Vergangenheit oder der Zukunft, kaum mit der Gegenwart. Wer sich aber nicht mit der Gegenwart befasst, der befasst sich nicht mit dem Leben, welches sich genau im gegenwärtigen Augenblick ereignet. Leben in der Gegenwart bedeutet, den jetzigen Augenblick nicht mit Augenblicken aus der Vergangenheit zu vergleichen.

*„Das Gestern ist nur ein Traum, das Morgen nur eine Vision.
Aber das Heute richtig gelebt, macht das Gestern zu einem Traum
des Glücks und jedes Morgen zu einer Vision der Hoffnung.
Achte daher auf diesen Tag."*
Aus dem Sanskrit

Wenn Deine Gedanken im Morgen oder im Gestern sind, dann bist Du nicht wirklich offen für den jetzigen Augenblick und lebst ihn nicht wirklich. Die einzig wahre und reale Erfahrung ist immer nur die Gegenwart, denn nur im Hier und Jetzt setzt man Ursachen und erlebt sie irgendwann als Lebensumstand.

„sträwkcür run nebeL sad nam nnak nehetsreV"
- Leben muss man es aber vorwärts -
Sören Kierkegaard

Es geht darum, den jetzigen Augenblick mit vollem Bewusstsein aufzunehmen, ihn zu fühlen und sich an ihm zu erfreuen, ganz ohne Zukunftssorgen oder der Sehnsucht nach den „guten alten Zeiten". Wenn Du das versäumst, verbringst Du Dein Leben unbewusst und entfernst Dich dadurch von einem glücklichen Leben.

„Laufe nicht der Vergangenheit nach und verliere dich nicht in der Zukunft. Die Vergangenheit ist nicht mehr. Die Zukunft ist noch nicht gekommen. Das Leben ist hier und jetzt."
Buddha

Wenn wir von Zeit sprechen, dann untergliedern wir sie für gewöhnlich in Vergangenheit, Gegenwart und Zukunft. Doch die Wahrheit ist, dass die Gegenwart kein echter Bestandteil der Zeitlinie ist. Gegenwart ist EWIGKEIT, eine ständige Neugeburt, eine ewige Wandlung und andauernde Transformation. Man kann im Grunde sagen, dass Vergangenheit und Zukunft lediglich menschliche lineare Vorstellungen sind, die der Mensch mit Begriffen wie Jahre, Monate, Wochen, Tage, Stunden, Minuten und Sekunden zu definieren versucht. Die Natur „denkt" nicht in Kategorien von Vergangenheit und Zukunft, für sie ist jeder Augenblick ewiglich.

„Denkt nicht an morgen. Seht die Lilien auf dem Felde, sie blühen JETZT."
Jesus

Das Erleben des jetzigen Augenblicks ist die Grundvoraussetzung für ein glückliches Leben. Nur so ist man in der Lage, das Leben bewusst zu gestalten. Stellen wir uns dazu einen Autofahrer vor. Wenn dieser nur in den Rückspiegel (in die Vergangenheit) blicken und nicht auf den jetzigen Verkehr achten würde, was würde wohl geschehen? Sicher nichts Gutes. Und wenn der Fahrer versuchen würde, 20 Kilometer nach vorne zu sehen, würde ihm auch entgehen, was sich genau jetzt vor seiner Nase abspielt. Ein achtsamer und bewusster Autofahrer würde seine Aufmerksam bzw. sein Bewusstsein auf das richten, was gerade jetzt um ihn herum passiert.

„Die Herrschaft über den Augenblick ist die Herrschaft über das Leben."
Marie von Ebner-Eschenbach

Die meisten Menschen versuchen schöne Augenblicke in Fotos „einzufangen", um sich irgendwann daran zu erfreuen. Dagegen ist auch nichts einzuwenden, aber es wäre sicherlich auch nicht verkehrt, ständig neue glückliche Momente zu erschaffen, statt sie nur in Fotografien zu sammeln und zu archivieren / konservieren. Hauchen wir jedem einzelnen Moment Freude und Leben ein, indem wir präsent sind in ihm, so dass man gar nicht mehr das Verlangen nach glücklichen Momenten in der Vergangenheit hat. Ein jeder Moment ist schließlich dazu da, um gelebt zu werden.

„Zukunft, das ist die Zeit, in der du bereust, dass du das, was du heute tun könntest, nicht getan hast."
Arthur Lassen

Viele Klienten denken vor der Karma-Ablösung folgendermaßen: „Wenn ich dies, das und jenes erledigt habe, kann ich morgen, nächste Woche oder im folgenden Jahr glücklich sein." Sie wollten alle glücklich WERDEN. Nach der Karma-Ablösung ändert sich ihre Sichtweise dahingehend, dass sie nicht glücklich werden wollen, sondern glücklicher SIND.

Sie verlassen die Straße des „Werdens", die irgendwo ins Nirgendwo führt. Das verstehe ich unter dem Leitsatz „Lebe im JETZT". Wenn man sich das verinnerlicht hat, dann gibt es keine Höhepunkte mehr im Leben wie z.B. Geburtstage, Urlaube, Ausflüge und auf der anderen Seite weniger bedeutende Stationen. JEDE SEKUNDE unserer Existenz, sowohl diese scheinbaren Highlights als auch die „Leerräume" dazwischen sind absolut einzigartig und unendlich wertvoll. Es gibt keine Zeit im Leben, die dafür bestimmt ist, einfach nur überbrückt zu werden, bis etwas „Besonderes" kommt, bis „Tag X" da ist, der uns zusagt. Jeder Tag, jede Minute, jede Sekunde sind gleich gültig und haben das Potenzial, uns zum glücklichsten Menschen der Welt zu machen. Denn immer dann, wenn man „voll und ganz da ist", kommt unser göttliches Selbst zum Vorschein. Wir nehmen dann Dinge wahr, die uns sonst verborgen bleiben, wir sind sensitiver, hören unsere innere Stimme und erkennen Gelegenheiten, Möglichkeiten und Chancen. Der bewusste Mensch lebt nicht nach vorgefertigten Mustern, die sich aus vergangenen Erfahrungen zusammensetzt, sondern vertraut auf die jeweiligen Impulse, die von Situation zu Situation anders ausfallen.

„Beim Einatmen schenke ich meinem Körper Ruhe. Beim Ausatmen lächle ich. Ich verweile im gegenwärtigen Moment und weiß, es ist ein wunderbarer Moment."
Thich Nhat Hanh

Kleine Kinder sind deshalb so glückselig, weil sie sich ihrer Vergangenheit noch nicht bewusst sind. Sie sind wie ein Zen-Mönch präsent im gegenwärtigen Augenblick. In der einen Sekunde weinen sie und in der nächsten Sekunde lachen sie. Tief in sich wissen sie: Nur im JETZT begegnet man der Existenz. Vergangen ist vergangen und morgen ist morgen. Nur heute ist real und eine ewige Premiere. Das Leben ist nicht etwas, auf das man sich vorbereiten kann, es findet genau jetzt statt, es wartet nicht irgendwo in der Zukunft.

> **„Der Mensch wird geboren, um zu leben, und nicht,**
> **um sich auf das Leben vorzubereiten."**
> *Boris Leonidowitsch Pasternak*

So ist es auch bei Tieren zu beobachten. Wenn sich Enten auf dem See in die Quere kommen, dann gibt es ein lautes Geschnatter. Nachdem sich die Gemüter beruhigt haben, kann man sehen, wie die Enten sich wieder ins Hier und Jetzt begeben. Sie flattern mit ihren Flügeln und werden auf diese Weise ihre negative Energie los. Der „Streit" ist vergangen, also wozu die Last / den seelischen Ballast aus der Vergangenheit mit sich herumtragen wie einen Rucksack voller Steine? Nur Menschen, die in der Vergangenheit kleben bleiben, leiden aufgrund gestriger Geschehnisse. Man erzählt unangenehme Erlebnisse und versorgt diese so mit Energie, erhält sie am Leben und sorgt dadurch für eine konstant niedrige und angespannte Schwingung, die noch mehr negative Lebenserfahrungen anzieht.

Es ist wieder Zeit für eine Geschichte, die uns verdeutlicht, wie wichtig es ist, nicht in die Vergangenheit oder Zukunft abzudriften:

Eines Tages suchte eine Gruppe junger Männer einen alten Zen-Meister auf, um von ihm das Geheimnis absoluter Glückseligkeit und Zufriedenheit zu erfahren. Der alte Zen-Meister sagte: „Ihr wollt wissen, wieso ich so glückselig und zufrieden bin? Wenn ich liege, dann liege ich. Wenn ich aufstehe, dann stehe ich auf. Wenn ich gehe, dann gehe ich. Und wenn ich esse, dann esse ich." Die jungen Männer waren verdutzt, denn sie konnten mit der Antwort nichts anfangen. Sie fragten: „Aber wir liegen auch, wir stehen auch auf und gehen und essen ebenfalls. Trotzdem sind wir weder glücklich noch zufrieden. Also heraus damit, wie lautet dein Geheimnis?" Der Zen-Meister lächelte und wiederholte seine Antwort: „Wenn ich liege, dann liege ich. Wenn ich aufstehe, dann stehe ich auf. Wenn ich gehe, dann gehe ich. Und wenn ich esse, dann esse ich." Wieder waren die jungen Männer ratlos, denn sie erkannten nicht den Sinn hinter dieser Antwort. Deshalb erklärte der Zen-Meister ihn den jungen Männern: „Natürlich liegt auch ihr und steht auf, und natürlich geht und esst ihr. Aber ihr macht es nicht so wie ich. Wenn ihr liegt, seid ihr mit den Gedanken schon beim Aufstehen. Wenn ihr aufsteht, denkt ihr schon darüber nach, wohin ihr gehen wollt. Und wenn ihr geht, überlegt ihr euch bereits, was ihr essen wollt. Und während des Essens, fragt ihr euch, ob ihr nicht wieder liegen wollt. Eure Gedanken sind überall, nur nicht da, wo sie sein sollen, nämlich im JETZT - bei dem, was gerade ist. Das Leben findet immer in der Zeit zwischen Vergangenem und Zukünftigem statt, welche ihr aber ständig ausblendet. Wenn ihr euch aber auf sie einlasst, dann lebt ihr bewusst und erntet Glückseligkeit und Zufriedenheit."

Man kann es auch so sagen: Das Leben „steckt" im Augenblick. Es interessiert ihn nicht, ob Du ihn bewusst oder unbewusst erlebst, aber jeder Augenblick ist ein Puzzleteil Deines Seins. Richten wir unseren Fokus nicht in die Ferne, auf das Wochenende, den Urlaub oder auf die Rente, sondern verweilen auf dem Schauplatz des Lebens, dem jetzigen Moment.

Der einzige Ort ist HIER und die einzige Zeit ist JETZT. Sobald wir frei sind von Vergangenheit und Zukunft, sind wir wirklich und wahrhaftig frei. Für DIESEN Moment, genau jetzt, bin ich dankbar, denn er macht mich glücklich.

Fokus aufs Positive

Wie sehen wir die Welt, lieber Leser? Ist sie ein schöner Ort oder ist sie das Schachbrett, auf dem man ums Überleben kämpft? Es hängt ganz von uns ab, denn die Welt wird sich uns immer so präsentieren, wie wir uns innerlich fühlen. Dazu fällt mir eine Geschichte ein:

Ein junges Paar übersiedelt und lernt die Nachbarschaft kennen. Am nächsten Morgen, als das junge Paar am Frühstückstisch saß, sah die Frau, wie ihre Nachbarin die Wäsche an die Leine hängte. „Was für eine schmutzige Wäsche!" sagte die junge Frau. „Richtig waschen kann unsere Nachbarin offensichtlich nicht. Vielleicht braucht sie ein neues Waschpulver." Ihr Mann sah sich das alles an, aber sagte nichts. Jedes Mal, wenn die Nachbarin ihre Wäsche zum Trocknen an die Leine hängte, gab die junge Frau denselben Kommentar ab. Einen Monat später war die junge Frau überrascht, saubere Wäsche bei der Nachbarin hängen zu sehen und sie sagte zu ihrem Mann: „Schau mal, Liebling! Unsere Nachbarin hat endlich gelernt, wie sie waschen muss. Wer hat ihr denn das gezeigt?" Der Mann antwortete: „Ich bin diesen Morgen etwas früher aufgestanden und habe unsere Fenster geputzt!"

Alles, was wir bei den Anderen und in der Welt sehen, hängt von der Sauberkeit des „Fensters" ab, durch das wir schauen. Gutes ist nichts Seltenes. Vielmehr ist es wie mit Sternschnuppen. Wir sehen sie nicht oft, dabei bewegen sie sich ständig am Firmament, doch wir bemerken sie nicht, weil wir tagsüber von der Sonne geblendet sind und nachts selten gen Himmel blicken. So ist es auch mit all den alltäglichen guten Dingen. Wir nehmen sie oft kaum wahr, weil wir unseren Fokus auf andere Dinge richten. Nach der Karma-Ablösung wirst Du bemerken, dass Du Deinen Fokus automatisch auf das Positive richtest. Und es ist überaus wichtig, sich mit positiver Energie zu „füttern". Vergessen wir nie, dass es nicht nur gesunde und giftige Nahrung für unseren Magen gibt, sondern auch für unseren Geist. Und wenn wir schon einmal dabei sind, vergessen wir bitte auch nie, dass unsere inneren mentalen Bilder unser gesamtes Leben erzeugen. Unser Da-Sein entsteht IN UNS, ALLE Möglichkeiten schlummern tief in unserem Inneren. Wenn wir uns dessen stets bewusst sind, dann wissen wir, welch immense Bedeutung es hat, sich innerlich rein zu halten und im eigenen Denken und Fühlen ein grundlegendes Wohlbefinden zu schaffen. Es ist so, als würden wir uns selbst einen Brief schreiben. Wir selbst entscheiden, ob wir Worte der Harmonie oder der Disharmonie wählen. Wenn uns der Brief einige Zeit später erreicht und uns der Inhalt des Schreibens nicht zusagt, dann liegt es an uns, das nächste Mal etwas zu schreiben und abzuschicken, was uns gefällt, erfreut und innerlich aufblühen lässt. Jedes schöne Wort, das wir vermissen, haben wir uns selbst vorenthalten; im Grunde leicht zu verstehen. Sind wir innerlich mies drauf, kann uns dies in der Außenwelt keinen Sonnenschein bescheren. Die Welt ist unser Spiegel, sie reflektiert uns unser Inneres. So betrachtet dient uns die Karma-Ablösung auch als Gedankensäuberung. Ohne diese innere Reinigung und Befreiung von energetischen Bändern aus vergangenen Ursachen ist kein Leben in Glück und Gesundheit, in innerer Harmonie und Zu-FRIEDEN-heit möglich.

Als „Hausaufgabe" sollten wir uns jeden Tag vornehmen, uns dieses wichtigen Wissens bewusst zu sein. Dafür ist es angebracht, schädliche Einflüsse zu reduzieren und glücksförderliche Einflüsse zu erhöhen. Dazu Mal eine direkte Frage an Dich, lieber Leser (sei ruhig ehrlich, es hört Dich ja keiner außer Du selbst): Kannst Du Dir auf Anhieb eine zerfetzte und blutüberströmte Leiche vorstellen? Ja? Wie kommt das? Frage Dich bitte selbst, woher dieses Bild stammt? Womöglich aus dem letzten Kino-Actionfilm, in dem der Superheld innerhalb weniger Sekunde zig Bösewichte mit coolem Blick niedergeschossen, die „holde Maid" aus einem brennenden Haus gerettet und zur Belohnung eine Medaille bekommen hat? Dass solche Einflüsse uns nicht gut tun, sollte klar sein und es verwundert mich persönlich nicht im Geringsten, dass man das Ganze auch noch mit der Bezeichnung „Unter-Haltung" beschreibt (man wird schwingungsmäßig unten gehalten). Ich kann jedem nur empfehlen, jeden Tag aufs Neue Gedankenpflege zu betreiben und zukünftig bei der Auswahl von Informationen weitaus wählerischer zu sein. Die entscheidende Frage dabei sollte lauten: WAS ist nötig für mein Lebensglück und was nicht? Antwort: Alles, was unnötig ist, sollte keinen Platz in unserem Leben einnehmen. Alles, was unsere innere Freude betäubt, ist Gift für uns und sorgt für mentale Abstumpfung.

„Verzichte auf das Unnötige, damit es dir nicht nötig werde."
C. Tschopp

Was ich damit sagen will: Es ist GUT, wenn man sich täglich zentriert und die eigene Mitte findet, denn damit bewegen wir uns ein paar Schritte vorwärts. Aber es ist nicht gut, wenn wir die eigene Mitte wieder verlassen, indem wir destruktive Energien konsumieren, unter welchem Deckmäntelchen auch immer (ob Filme, die uns wütend, ängstlich oder traurig stimmen, oder Nachrichten, die uns vorgaukeln, die Welt würde nur aus Kriegen, Katastrophen und Verbrechen bestehen). Es ist sinnlos, drei Schritte vorwärts zu gehen (durch die Zentrierung) und danach wieder drei Schritte rückwärts zu gehen (durch die Aufnahme disharmonischer Wörter, Bilder und Musik). Rufen wir uns das bitte immer wieder in Erinnerung: Wir werden täglich beeinflusst von den Medien, Webseiten, Newslettern, Werbung, Arbeitskollegen, unserem Freundeskreis, Vorgesetzten, Lehrern, Eltern, Büchern, dem Wetter und durch Musik. Wie sehr Außeneinflüsse energetisch auf Dein Umfeld einwirken, soll uns ein interessantes Experiment in aller Deutlichkeit vor Augen führen: Dem aus Japan stammenden Forscher Dr. Emoto gelang es in Experimenten nachzuweisen, dass Wasser in der Lage ist, Gefühle aufzunehmen und auf sie zu reagieren, indem es sich in seiner kristallinen Form verändert. Es wurde destilliertes Wasser zwischen zwei Lautsprecher gestellt und verschiedene Musik abgespielt. Es zeigten sich wundervolle Kristalle, wenn beispielsweise Musik von Bach zu hören war. Nach einem traurigen Volkslied aus Korea hingegen sahen die Kristalle zerstört aus. Als nächstes wurden je zwei Papierschilder auf zwei Glasflaschen geklebt. Ein Schild trug die Aufschrift „Danke", das andere „Dummkopf". Das Forscherteam um Dr. Emoto konnte es selbst fast kaum glauben, aber bei dem Schild, welches Dankbarkeit ausstrahlte, bildete das Wasser einen wunderschönen Kristall. Dieselben Ergebnisse ergaben weitere Experimente mit Aufschriften der fünf Weltreligionen in englisch, deutsch und japanisch auf der einen Seite, und Aufschriften wie „Du machst mich krank. Ich werde dich töten.", auf der anderen Seite. Wenn man das Wasser Heavy-Metal-Musik und Schimpfausdrücken aussetzte, zerbrachen die Kristallformen in unzählige Stücke. Laut Dr. Emoto werden alle Informationen in einem Spannungsfeld, welches sich zwischen dem Atomkern und den ihn umkreisenden Elektronen befindet, gespeichert. Diese Ebene ist auf derselben energetischen Ebene wie wir Menschen.

Übrigens: Wir Menschen bestehen zu 70% aus Wasser.

Mein Fazit aus dieser Erkenntnis: Ich meide Filme, Lieder und Nachrichten, die meinem Lebensglück im Wege stehen. Damit möchte ich jedoch nicht behaupten, dass grundsätzlich alle Filme, Lieder und Nachrichten uns schaden. Wir können uns sicherlich nicht vollends vor der Außenwelt isolieren und das sollen wir auch gar nicht. Mir geht es darum zum Ausdruck zu bringen, dass man nicht wie ein Schwamm wahl- und kritiklos das Wasser, den Kaffee und die Limonade aufsaugt, sondern dass man durch Astralkörper-Reinigungen seine Aufmerksamkeit dermaßen auf das Positive fokussiert, dass es die auf uns einströmenden Energien selektiert und nur noch jene Energien Zugang zu uns erhalten, die uns gut tun.

Zwei Minenarbeiter gingen in Mexiko-City über die Straße. Mitten auf der Fahrbahn lag eine tote Katze. Nach ihrem Zustand zu urteilen, war sie bereits mehrere Wochen tot. Sagt der eine Arbeiter: „Mensch Pedro, hast du die tote Katze gesehen? Der Körper ist ja in einem grauenhaften Zustand. Die Maden und Würmer haben die Hälfte des Körpers schon aufgefressen." Und der andere Arbeiter gab zur Antwort: „Nein, Manuel, das habe ich nicht gesehen. Aber hast du die glänzenden, weißen Zähne der Katze gesehen? Wunderschön, sage ich dir."

Wichtig ist Beides: Die Erhöhung des Positiven UND zugleich die Reduzierung des Negativen. NUR SO erreicht man positiven Fortschritt, anders nicht. Minimieren wir das Schädliche, maximieren wir dafür das Förderliche. Der schnellste und effektivste Weg dahin ist, sich seines Karmas zu befreien.

Selbstliebe

„Ist etwas gut und du liebst es, wird es durch deine Liebe noch stärker. Und ist etwas schlecht und du liebst es, wird es durch deine Liebe gut. Das ist das Mysterium der Liebe."
Osho

Auch die Liebe zu uns selbst wird nach einer Karma-Ablösung verstärkt. Altlasten fallen von uns weg und wir fühlen uns leichter und beschwingter. Die Überzeugung, dass wir ein GELIEBTER Mensch sind, macht sich in uns breit. Damit meine ich die Überzeugung geliebt zu sein, nicht weil wir erfolgreich, schön oder reich sind, sondern die Überzeugung:

„Ich werde geliebt, weil ich BIN."

Das ist der einzig wahre Grund für Liebe und dieser Kernglaubenssatz führt unweigerlich dazu, dass wir eine harmonische Grundschwingung ausstrahlen, die positive Lebensumstände wie magisch anzieht. Es gibt kein mächtigeres Gefühl als das Gefühl der LIEBE! Sie versetzt uns in einen hochenergetischen Bewusstseinszustand, in dem wir uns glücklich und ganz fühlen, in dem uns nichts fehlt, in dem wir rundum zufrieden sind und pure Freude ausstrahlen. Wenn wir dieses Gefühl zu unserem Glaubens-Fundament machen, haben wir die harmonischste Schwingung in uns erzeugt, die man in diesem Universum erzeugen kann. Wir fühlen uns in einer solchen Liebesenergie, als würden wir die ganze Welt umarmen und die Welt uns. Wir fühlen uns angenommen, wertgeschätzt und geliebt. Wir nehmen uns und alle anderen in unser Herz auf, holen dadurch das Paradies auf Erden und werden selbst unser bester Freund. Wir machen uns dadurch ein unbezahlbares Geschenk, denn wir lieben uns auch dann, wenn wir krank werden, scheinbar versagen im Beruf und/oder im Privaten, wir nehmen uns auch dann an, wenn wir

Zweiter oder Dritter werden, wir wertschätzen uns auch dann noch, wenn wir kein Glück zu haben scheinen. Es ist die reine, unverfälschte Liebe und mit ihr fühlen wir uns von allem und jeden akzeptiert.

„Willst du geliebt werden, so liebe."
Lucius Annaeus Seneca

Es empfiehlt sich, jeden Tag folgenden Gedanken zu folgen: „So, wie ich von einem guten Freund behandelt werden möchte, so will ich heute selbst mit mir umgehen. Denn ich bin der Mensch, der das ganze Leben mit mir verbringt. Ich schlafe mit mir, ich dusche mit mir, ich arbeite mit mir, ich verbringe jede Sekunde meines Lebens mit mir, also bin ich der wichtigste Mensch in meinem Leben." Das bedeutet, dass man sich selbst Fehler vergibt, dass man sich aufmuntert, dass man sich jeden Tag was Gutes tut, dass man Geduld mit sich hat, dass man sich selbst den Rücken stärkt und immer zu sich selbst steht.

Nun magst Du vielleicht einwenden, sich selbst als den wichtigsten Menschen im eigenen Leben zu bezeichnen, sei Egoismus, doch ich behaupte, das Gegenteil ist der Fall. Der Bibelsatz

„Liebe deinen Nächsten, so wie dich selbst."
Jesus

wird meines Erachtens oft fehlinterpretiert, indem man ihn im Sinne der Selbstentsagung zugunsten unserer Mitmenschen deutet. Viele Menschen verstehen diesen Satz nämlich so: *„Liebe Deinen Nächsten mehr als Dich selbst."* Man teilt die Liebe zwischen sich selbst und anderen Menschen, doch ich sehe das Ganze aus einer anderen Perspektive, denn die Liebe ist nicht teilbar. Liebe heißt nicht, dass man sein eigenes Wohl völlig vergisst, um sich für andere Menschen aufzuopfern. Es geht nicht darum, anderen mehr zu dienen, als sich selbst. Alles, was man anderen gönnt, muss man auch sich selber gönnen können. Sich selbst als wichtigste Person im eigenen Leben zu sehen, revolutioniert unser gesamtes Leben und verinnerlicht uns, dass wir der Ausgangspunkt für alles in unserem Leben sind. Ich persönlich verstehe den Satz so, dass man, wenn man andere Menschen lieben will, man zuerst sich selbst in Liebe annehmen muss. Selbstliebe und Nächstenliebe schließen einander somit nicht aus, im Gegenteil, Nächstenliebe baut auf Selbstliebe auf und ist ohne sie nicht möglich, denn wir können nicht den zweiten Schritt vor dem ersten machen. Denken wir hierbei an einen Stein, den man ins Wasser wirft. Wo entstehen die ersten Kreise, wenn der Stein im Wasser landet? Um den Stein herum und von dort aus breiten sie sich immer weiter aus. Und genauso verhält es sich auch bei uns Menschen. WIR sind unser Zentrum, unser Mittelpunkt, von dem aus unsere Schwingungen sich ausbreiten und unser Leben erzeugen.

„Liebe ist Ausdruck der Bereitschaft, einen Raum zu schaffen, in dem sich etwas verändern darf."
H. Palmer

Es gilt also zuerst, sich selbst in die richtige Schwingung zu bringen und wenn ich von richtiger Schwingung spreche, dann meine ich damit natürlich die Schwingung der (Selbst-)Liebe. Und dies können wir nur dann erreichen, wenn wir uns die Aufmerksamkeit geben, die uns von Natur aus zusteht. Es ist wie bei einem Glas. Ist das Glas leer, können wir niemandem etwas zu trinken geben. Erst, wenn das eigene Glas voll ist, können wir es mit anderen teilen. Und ebenso ist es mit der Liebe. Ist keine Liebe in uns vorhanden, können wir sie auch nicht anderen zukommen lassen. Es gibt viele Menschen, die die Welt liebevoller machen wollen, doch selbst sind sie ausgebrannt, verbittert und leer. Sie kommen sich ungeliebt vor und handeln aus einer inneren Verzweiflung heraus. SO funktioniert das aber nicht. Wie sollte es auch? Liebe kennt nur Liebe. Wie soll innere Leere äußere Fülle erschaffen? Wie soll innere Verbitterung äußere Freude erzeugen? Jeder Mensch, der glaubt, er könne die Welt dort draußen zum Guten verändern, ohne sich selbst mehr in die Schwingung der Liebe zu bringen, wird gnadenlos scheitern.

> *„Jeder Mensch hat die Chance, mindestens einen Teil der Welt zu verbessern, nämlich sich selbst."*
> Paul Anton de Lagarde

Wenn Du die Liebe zu Dir selbst für Egoismus hältst, dann möchte ich Dich dazu einladen, die Augen zu schließen, Dir einen kleinen Baum vorzustellen und Dich zu fragen, ob Du den Baum als selbstsüchtig und egoistisch bezeichnen würdest, weil er das Wasser aus der Erde in seine Wurzeln zieht, es in seine Äste, Zweige und Blätter weiter leitet, um zu wachsen und zu blühen. Ist das egoistisch? Gewiss nicht. Und dann stell Dir weiter vor, wie der Baum durch den liebevollen Umgang mit sich selbst irgendwann nicht mehr klein, sondern sehr groß ist. Er blüht und duftet, er spendet Schatten und schenkt uns seine Früchte, er bereichert die ganze Welt. Was können wir daraus lernen? Erst, wenn der Baum sich selbst versorgt hat, ist er in der Lage, auch andere zu beschenken. Das ist das Gesetz der Natur.

Ein in seiner Branche erfolgreicher, doch sehr unglücklicher Geschäftsmann kam zum Shaolin-Meister und wollte von ihm wissen, was das Geheimnis eines wirklich erfolgreichen Lebens sei. Der Shaolin-Meister sagte: „Mach jeden Tag einen Menschen glücklich!" Und er fügte nach einer Weile hinzu: „... selbst wenn dieser Mensch du selbst bist." Und noch ein wenig später sagte er: „Vor allem, wenn dieser Mensch du selbst bist."

Ich bin fest davon überzeugt, dass unser aller Berufung die Entwicklung zum selbstliebenden Menschen ist. Wir kommen nicht auf diese Welt, um zu hassen oder zu vernichten, sondern um uns, die Welt, die Natur, die Tiere und unsere Mitmenschen auf ihr zu lieben. Denn Liebe unterscheidet nicht, sie grenzt sich nicht ein, sie ist allumfassend. Jeder Mensch, der sich selbst liebt, benötigt keine Anerkennung im Außen, lässt sich von anderen Menschen nicht verletzen und lebt glücklicher und auch gesünder. Wir kommunizieren in diesem Zustand weniger mit dem Mund, sondern mehr mit dem Herzen, was eine HERZ-liche Atmosphäre schafft. Denn Liebe ist mehr als nur ein Gefühl, es ist das „Eins sein mit allem, was ist". Liebe braucht kein Objekt, keinen Menschen, keinen Partner, durch den sie entsteht. Liebe entsteht durch unsere Fähigkeit zu lieben und durch nichts anderes. Sie ist der höchste Erleuchtungszustand, sie liebt und umarmt alles und jeden, für sie gibt es keine Polaritäten, sondern nur noch „das, was ist." Wer in der Liebe ist, erkennt schnell, dass nicht die Welt polar ist, sondern nur das Bewusstsein, welches ohne Liebe ist.

> **„Sich selbst zu lieben, ist der Beginn einer lebenslangen Romanze."**
> *Oscar Wilde*

Ein jeder von uns sollte das umarmen, was er in sich hat und nicht mag, es ablehnt und vielleicht sogar hasst. Wenn wir es nicht als ein Teil von uns anerkennen, dann werden wir alle Menschen als Feind betrachten, die genau diese Teile sehen und ansprechen. Es geht darum, sich selbst hinter der Fassade kennen zu lernen und zu akzeptieren.

Abschließen möchte ich dieses Kapitel mit Charlie Chaplins Definition von Liebe, denn sie bringt es haargenau und treffend auf den Punkt:

Als ich mich wirklich selbst zu lieben begann, habe ich verstanden, dass ich immer und bei jeder Gelegenheit zur richtigen Zeit am richtigen Ort bin und dass alles, was geschieht, richtig ist. Von da an konnte ich ruhig sein. Heute weiß ich, das nennt sich „SELBSTACHTUNG".

Als ich mich wirklich selbst zu lieben begann, konnte ich erkennen, dass emotionaler Schmerz und Leid nur Warnungen für mich sind, gegen meine eigene Wahrheit zu leben. Heute weiß ich, das nennt man „AUTHENTISCH-SEIN".

Als ich mich wirklich selbst zu lieben begann, habe ich verstanden, wie es jemand wirklich beschämt, ihm meine Wünsche aufzuzwingen, obwohl ich wusste, dass die Zeit nicht reif war, auch wenn ich selbst dieser Mensch war. Heute weiß ich, das nennt man „RESPEKT".

Als ich mich wirklich selbst zu lieben begann, habe ich aufgehört, mich nach einem anderen Leben zu sehnen, und konnte sehen, dass alles um mich herum eine Aufforderung zum Wachsen war. Heute weiß ich, das nennt man „REIFE".

Als ich mich selbst wirklich zu lieben begann, habe ich aufgehört, mich meiner freien Zeit zu berauben. Und ich habe aufgehört, weiter grandiose Projekte für die Zukunft zu entwerfen. Heute mache ich nur das, was mir Spaß und Freude bereitet, was ich liebe und mein Herz
zum Singen bringt - auf meine Art und Weise und in meinem Tempo. Heute weiß ich, das nennt man „EHRLICHKEIT".

Als ich mich selbst wirklich zu lieben begann, habe ich mich von allem befreit, was nicht gut für mich war. Von Speisen, Menschen, Dingen, Situationen und von allem, was mich immer wieder hinunterzog, weg von mir selbst. Anfangs nannte ich das „GESUNDEN EGOISMUS". Aber heute weiß ich, das ist „SELBSTLIEBE".

Als ich mich wirklich selbst zu lieben begann, habe ich aufgehört, immer Recht haben zu wollen. So habe ich mich weniger geirrt. Heute habe ich erkannt, das nennt man „EINFACH-NUR-SEIN".

Als ich mich selbst wirklich zu lieben begann, habe ich mich geweigert, weiter in der Vergangenheit zu leben und mich um meine Zukunft zu sorgen. Jetzt lebe ich nur mehr in diesem Augenblick, wo ALLES stattfindet. So lebe ich heute jeden Tag und nenne es „VOLLKOMMENHEIT".

Als ich mich wirklich selbst zu lieben begann, da erkannte ich, dass mich mein Denken armselig und krank machen kann. Als ich jedoch meine Herzenskräfte anforderte, bekam der Verstand einen wichtigen Partner. Diese Verbindung nenne ich heute „HERZENSWEISHEIT".

Wir brauchen uns nicht weiter vor Auseinandersetzungen, Konflikten und Problemen mit uns selbst und anderen zu fürchten, denn sogar Sterne knallen manchmal aufeinander und es entstehen neue Welten. Heute weiß ich, DAS IST das Leben!

> **Wenn Dir die Liebe zu Dir selbst und zu Deinen Mitmenschen schwer fällt, dann frage Dich: „Was würde die Liebe tun?"**

Vergebung

Karma-Ablösung hilft uns dabei, belastende Dinge loszulassen und in die Vergebung zu kommen. Damit meine ich die Bereitschaft, sowohl anderen Menschen zu vergeben als auch sich selbst. Und Vergebung ist das Fundament eines glücklichen Lebens. Sehen wir uns das im Detail an: Wenn uns etwas Unangenehmes widerfahren ist und wir dem Verursacher dieses Vorfalls nicht vergeben, und auch den ganzen Vorfall rigoros ablehnen, ist das negative Gefühl in Form einer bestimmten Energie immer noch da. Dieses bedrückende Gefühl ist nicht weg und es wird uns so lange keine Ruhe lassen, bis wir es durch Vergeben transformiert haben. Solange wir dem anderen die Schuld nachtragen, tragen wir eine unnötige Last mit uns herum. Wir haben im Grunde nur diese zwei Optionen: Vergeben oder leiden. Sich frei machen oder weiter im Schmerz baden, glücklich im Hier und Jetzt leben oder in einer disharmonischen Vergangenheit gefangen bleiben. Beides geht nicht. Vergeben wir nicht, dann bestrafen wir uns selbst. Zudem verschwenden wir unheimlich viel Energie, indem wir Widerstand gegen einen Vorfall mobilisieren, der bereits passiert ist. Diese Energie fehlt uns dann womöglich woanders. Solange wir an dem festhalten, was uns belastet, machen wir uns zu einem Opfer vergangener Ereignisse, die das Lebensglück sabotieren. Doch so wird das Spiel des Lebens nicht gespielt.

„Vergebung ist der Schlüssel zur Freiheit."
Hannah Arendt

Kaum ein Mensch vergibt aus dem Herzen. Oft hält man trotz vergebender Worte insgeheim an Schuldzuweisungen und Vorwürfen fest. Oder man sagt, man habe etwas vergeben, möchte aber, dass die Vergebung nicht vergessen wird und spielt sich als moralische Instanz auf. All das ist keine wahre Vergebung, es ist unauthentisch und unaufrichtig.

Karma-Ablösung sorgt dafür, dass wir wirklich und wahrhaftig keine Wut mehr in uns haben, so dass es überhaupt keinen Grund mehr gibt, irgendwem wegen irgendwas zu grollen. Nachdem die karmischen Blockaden gelöst sind, werden wir innerlich freier und erkennen, dass wir selbst unsere Lebensumstände erschaffen haben. Es ist wie eine innere Befreiung von schweren, herab ziehenden Energien. Dinge, die uns zuvor noch mental runter gezogen haben, werden nicht verdrängt, nein, sie werden transformiert, man „steht" plötzlich über den Dingen. Wer nicht bereit ist zu vergeben, der versalzt sich selbst das Leben, denn er macht sich zum Opfer. Es ist so, als würde man mit einem Schild in Händen durchs Leben gehen, auf dem steht: „Seht her. Ich bin wütend und verbittert. Und dadurch geht es mir so richtig mies. Ich bin wütend auf mich, meine Mitmenschen und den lieben Gott. Ich bin ein Opfer." Dadurch, dass wir zornig sind auf andere Personen, machen wir uns emotional abhängig von ihnen. Und keine Abhängigkeit lässt wahres Glück zu. Nur ehrliches und regelmäßiges Vergeben kann solch eine kräftezehrende Abhängigkeit lösen.

„Eines der Geheimnisse eines langen und erfolgreichen Lebens ist es, jedem alles, jede Nacht, bevor man zu Bett geht, zu vergeben."
Bernard Baruch

Nur um Missverständnisse vorzubeugen: Vergeben bedeutet keineswegs, dass man belastende, verletzende oder unangenehme Vorfälle gutheißt oder sie unter den Teppich kehrt. Es bedeutet nur, dass wir es nicht länger erlauben, dass ein bestimmter Vorfall unser Leben weiter beeinträchtigt, so dass wir die Schwingung aufbauen können, die uns hilft, unser Wunschleben wahr zu machen. Es bedeutet ganz einfach, dass man sich mit dem, was geschehen ist, nicht länger im Krieg befindet. Was geschehen ist, ist geschehen. Es ist Vergangenheit und somit vergangen. Unser Leben aber spielt sich JETZT ab und wir machen uns frei von den Schatten der Vergangenheit. Wenn wir also vergeben, dann tun wir das nicht, um jemandem einen Gefallen zu tun, nein, wir vergeben für uns, für unser persönliches Wohlbefinden, für unsere Gesundheit und unsere innere Harmonie. Es geht hier nicht um die Frage „Wer ist der Täter", sondern einzig und allein um die Frage der Heilung, ums Loslassen von negativen Gefühlen, die sowohl Körper (Nachlassen der Abwehrkräfte, Anspannung, Schlafstörungen, Bluthochdruck), als auch Seele (Wut, Hass, Verbitterung) krank machen. Vergeben ist somit kein Ausdruck von Schwäche, nein, ganz im Gegenteil, es ist ein Ausdruck von Reife, Weisheit und wahrer Stärke.

„Der Schwache kann nicht verzeihen.
Verzeihen ist eine Eigenschaft des Starken."
Mahatma Gandhi

Nicht vergeben kann man sich bildlich etwa so vorstellen: Es geschieht etwas Bestimmtes und das schmerzt uns. Diesem Schmerz machen wir nun eine Art Denkmal, welches wir auf ein Podest stellen. Obgleich auf diesem alten Denkmal im Laufe der Jahre der Staub der Zeit bereits meterdick liegt, verneigt man sich jeden Tag mehrmals vor diesem alten Symbol des persönlichen Schmerzes, getreu dem Motto: „Liebes Universum, meine tägliche Dosis Leid gib mir heute." Damit geben wir dem vergangenen Geschehnis unsere Energie und somit Macht über uns. Emotionaler Schmerz ist das beste Mittel, um Freude und Glück zu verhindern. Schmerz kann sich nämlich nur von weiterem Schmerz ernähren und schließt alles andere aus. Immer wenn man dunkle Gedanken entwickelt, auf jemanden wütend ist oder in Selbstmitleid versinkt, wenn man sich gerne Filme (Drama) ansieht oder Musik hört, die Trauer und Schmerz verursachen und daraus eine Art Befriedigung gewinnt, den Drang danach verspürt, über unangenehme Erfahrungen zu sprechen und sie dadurch lebendig zu halten, ist das ein klares Zeichen dafür, dass wir in einer destruktiven Energie festhängen. Es ist etwa so, als würden wir eine Wunde, die gerade dabei ist zu verheilen, mit dem Messer nochmal vergrößern, damit sie bloß nicht verschwindet.

„Wer an seinem Schmerz festhält,
bestraft sich letzten Endes selbst."
Leo F. Buscagli

Dass auf diese Weise kein glückliches und erfülltes Leben möglich ist, brauche ich sicherlich nicht zu betonen. Auf wen immer wir auch sauer sein mögen, auf andere Menschen oder auf uns selbst, halten wir uns dabei bitte immer vor Augen: „Nobody is perfect." Fehler machen ist erlaubt und ein Teil unseres Wachstumsprozesses. Das Leben ist eine Ganztagesschule und jeder von uns lernt durch seine Erfahrungen. So manche Entscheidung, die wir vor fünf Jahren trafen, würden wir heute aufgrund neuer Erfahrungswerte bestimmt ganz anderes treffen. Wenn uns jemand verletzt hat, dann sollten wir uns klar machen, dass niemand uns verletzen kann außer wir selbst. Wir sind kein Automat mit „Gefühlsschaltern", die andere Menschen von außen drücken können, wir sind definitiv keine Reiz-Reaktionsautomaten, sondern Menschen und unsere Gefühle werden IN UNS und VON UNS gebildet, es sind unsere Schöpfungen, Kreationen, „Babys". Und das bedeutet, dass nur wir selbst für sie verantwortlich sind und niemand uns verletzen kann, wenn wir selbst es nicht zulassen. Alles, was uns widerfährt, ist durch uns selbst erschaffen worden. Vielleicht nicht bewusst, dafür aber unbewusst und vielleicht wurde der Samen dafür in einer früheren Inkarnation gesetzt. Wie dem auch sei, es bringt uns keinen Millimeter weiter, wenn wir im Schmerz bleiben und jahrelang wütend und verbittert sind. Die Welt ist unser Spiegel und wenn einem das Spiegelbild nicht gefällt, dann gilt es, die Veränderungen bei sich selbst vorzunehmen. Und deshalb vergeben wir uns selbst und nach dem hermetischen Prinzip „wie innen, so außen" werden wir auch der Außenwelt immer leichter vergeben können. Ich weiß aus eigener Erfahrung, dass dies oft leichter klingt, als es in der Praxis tatsächlich zu bewerkstelligen ist. Und gerade deshalb, weil es für gewöhnlich nicht gleich auf Anhieb klappt, dann kann eine Karma-Ablösung hilfreich sein. Die Vergebung von Seele zu Seele ist ein Bestandteil der Karma-Ablösung. Sie ist der Weg, in die Energie der Vergebung zu gelangen. Damit machen wir uns selbst und auch dem Menschen, dem wir vergeben, ein unschätzbares Geschenk. Und wenn man das aus dem Herzen getan hat, dann ist das ein solcher Moment, in dem ein Wunder geschehen ist. Man hat ein Wunder vollbracht, indem man Energie transformiert hat, in dem man etwas Disharmonisches transformiert hat in Harmonie – ganz bewusst. Vergeben ist somit nichts anderes als bewusstes Manifestieren und zugleich emotionale Befreiung.

„Vergebung heißt tatsächlich, sich aus den Schaltkreisen auszuklinken, die einen beherrschen."
Caroline Myss

Rufen wir uns diesem Zusammenhang auch wieder in Erinnerung, dass alles eine geistige Ursache hat, dass unsere Gedanken und Gefühle schöpferisch wirken und die Welt mit all ihren Ereignissen ein Abbild unseres Bewusstseins darstellt. Wenn wir auf jemanden oder auf uns selbst stocksauer sind und dementsprechend negativ schwingen, dann wirken sich diese „bad vibrations" auf unseren gesundheitlichen Zustand aus. Wut, Hass, Verbitterung, Trauer, Enttäuschung, Ablehnung, innerer Widerstand, Rachegefühle – all diese Gefühle erschöpfen uns geistig und körperlich. Durch die Verbindung zur Göttlichen Seele wird uns bewusst, dass wir uns alles selbst erschaffen haben. Dadurch öffnen wir uns für die Möglichkeit, dass wir an unseren Lebensumständen und Erfahrungen einen gehörigen Anteil tragen. Das ist der erste Schritt Richtung „Verantwortung übernehmen" und zugleich die Abkehr von Schuldzuweisungen in der Außenwelt. Es fällt in diesem Stadium leichter, die Aufmerksamkeit von außen nach innen zu wenden. Während der Verbindung zur Göttlichen Seele verbinden wir uns von Herz zu Herz mit ihr und spüren ihre Liebe. Wir anerkennen dabei unsere Göttlichkeit und nehmen uns selbst liebevoll an. Es wird uns klar, dass alles vollkommen ist und dass es nichts zu vergeben gibt. Ein innerer Frieden macht sich in uns breit und zwar der Frieden, sich der göttlichen Vollkommenheit hinzugeben, in dem Bewusstsein, dass alles einem höheren Sinn dient. Und in einem solchen Zustand existiert keine Veranlassung mehr, auf sich selbst oder auf jemand anderen wütend zu sein. Man vergibt aus Liebe und erwidert Negatives mit Positivem, denn das ist der Schlüssel, um alle Schwierigkeiten zu lösen.

„Ich liebe und wertschätze mich so wie ich bin.
Ich übe Toleranz und Wertschätzung
allen Menschen gegenüber."
Dragica Alsalk

Vergeben können heißt, den ganzen Ärger, den man sich aufgeladen hat, abzuwerfen. Danach wirst Du Dich erleichtert und befreit fühlen.

Dankbarkeit

Je dankbarer wir sind, umso positiver ist unsere Ausstrahlung. Und je positiver unsere Ausstrahlung ist, desto schönere und harmonischere Lebensumstände erschaffen wir uns. Dankbarkeit ist somit ein unschätzbares Gut, welches ich gar nicht genug hervorheben kann. Nach der Karma-Ablösung werden wir viel dankbarer für die Menschen und Dinge in unserem Leben sein. Unsere gesamte Sichtweise wandelt sich und es ist fast so, als ob wir einen Glücksfilter haben, der uns stets das Gute in allem erkennen lässt. Unser ganzes Sein wird zu purer Dankbarkeit dem Leben gegenüber.

Das Glas ist nicht halb leer, dafür halb voll. Uns wird klar, dass hinter jeder Wolke weiterhin die Sonne scheint. Wir sind plötzlich dankbar für den Partner, der uns jede Nacht die Decke wegzieht. Warum? Weil wir wissen, dass er da ist und mit niemand anderem unterwegs ist. Wir sind dankbar für das Kind, welches sein Zimmer nicht aufräumt. Wieso? Weil es bedeutet, dass das Kind zu Hause ist und nicht auf der Straße. Selbst Steuern zu zahlen sollte Dankbarkeit in uns auslösen, weil das bedeutet, dass wir eine Beschäftigung haben. Die Unordnung nach einer Party nehmen wir ebenfalls dankbar auf, weil uns das zeigt, dass wir nicht alleine sind und Freunde haben. Die Kleidung, die uns zu eng geworden ist, könnte uns auch dankbarer machen, weil uns das ins Bewusstsein ruft, dass wir genug zu essen haben. Der Schatten, der uns stets verfolgt, lässt uns erkennen, dass wir uns im Sonnenschein befinden. Das regelmäßige Saubermachen unserer Wohnung führt uns vor Augen, dass wir ein Zuhause haben. Die Beschwerden über unsere Politiker offenbaren, dass wir Redefreiheit besitzen. Selbst die hohe Stromrechnung sollte die Dankbarkeit in uns aufsteigen lassen, weil es bedeutet, dass wir elektrisches Licht und es schön hell haben. Wir regen uns über niemanden mehr auf, der falsch singt, weil wir dankbar dafür sind, hören zu können. Wir beklagen uns nicht mehr über den großen Wäscheberg, der gewaschen und gebügelt werden muss, weil wir voller Dankbarkeit dafür sind, dass wir Kleidung besitzen. Der Muskelkater am Ende eines langen und mühseligen Arbeitstages macht uns nicht misslaunig, denn wir sind dankbar über die Tatsache, eine Arbeit zu haben. Wir sind nicht zornig auf den Wecker, der uns morgens unsanft aus dem Reich der Träume reißt, weil er uns daran erinnert, dass wir am Leben sind.

Wenn es einigen unter uns weiterhin schwer fallen sollte, Dankbarkeit für die alltäglichen Dinge wie das Dach über dem Kopf oder die täglichen Mahlzeiten zu empfinden, dann denken wir einfach Mal an Nick Vujicic. Er ist Motivationstrainer und Autor des Buches: Mein Leben ohne Limits - "Wenn kein Wunder passiert, sei selbst eins!". Das Besondere an seiner Tätigkeit als Motivationstrainer ist, dass er ohne Arme und Beine geboren wurde, und trotzdem andere Menschen motiviert, das Leben positiv zu sehen. Wenn jemand ohne Arme und Beine sich am Leben erfreuen kann, dann ist klar, dass Dankbarkeit nicht von äußeren Umständen abhängt. Es ist ein inneres Phänomen und genau deshalb wirkt hier die Karma-Ablösung und bewirkt wahre Wunder in Sachen „dankbar sein".

Oft ist es so, dass Menschen erst nach einer Krise die Dankbarkeit in sich spürten für scheinbar ganz selbstverständliche Alltagsdinge. Ein Schiffbrüchiger trieb drei Wochen lang in einem Schlauchboot auf dem Pazifik, ehe er gerettet wurde. Seine Lehre aus alledem war, sich niemals über etwas zu BE-SCHWEREN (sich schwere Gedanken zu machen und sich selbst runterzuziehen), solange er genug frisches Wasser zum Trinken und genug Brot zum Essen hat. Vielleicht wüssten wir Menschen die schönen Momente unseres Lebens heute gar nicht richtig zu schätzen, wenn wir nicht auch schlechte Momente erlebt hätten. Nur jemand, der schon einmal auf dem Fußboden schlafen musste, schätzt ein Bett richtig. Wir würdigen eine leckere Mahlzeit erst dann, wenn wir gehungert haben. Und die Sonne lieben wir umso mehr, wenn sie sich lange Zeit nicht gezeigt hat.

Aber es muss nicht immer erst zu einer Krise kommen, damit wir die Dankbarkeit in uns kultivieren. Wenn wir dankbar sind für das, was uns bereits in der Vergangenheit glücklich gemacht hat, schwingen wir uns auf die „Welle der Dankbarkeit" ein und erhalten noch mehr vom Leben, was uns glücklich macht. Bedanken wir uns also aufrichtig für all das Schöne im Leben. Jeder mag es, wenn er gelobt wird, kaum jemand mag Nörgler – warum sollte es beim Universum anders sein? Ich weiß das, was mir bislang alles zuteil wurde, unendlich zu schätzen. Da meine Wahrnehmung dank Karma-Ablösung auf Optimismus und Zuversicht eingestellt ist, fällt es mir leicht dankbar zu sein. Und somit bleibe ich in genau der Schwingung, die mir ein schönes Leben ermöglicht.

Das Gefühl der Dankbarkeit ist ein echtes Powergefühl und es ist so leicht zu erzeugen. Gleichgültig in welcher Stimmung Du bist, lieber Leser, wenn Du Dir ins Bewusstsein rufst, wofür Du dankbar sein kannst oder könntest, dann wird sich Deine Stimmung spontan aufhellen und bessern.

Dankbarkeit ist ein Schlüssel zu einem erfüllten Leben, löst immer Freude aus und macht uns glücklich. Wenn wir uns bewusst daran erinnern, wofür wir dankbar sein können, dann macht sich ein tiefes Gefühl der Befriedigung, der Zufriedenheit und der Freude in uns breit.

Wofür können wir also dankbar sein? Im Grunde genommen für alles. Jeder von uns besitzt unendlich viel Materielles und Nichtmaterielles, über das man sich freuen könnte. Nur leider gehen, wie oben erwähnt, die meisten Menschen mit ihren materiellen und nichtmateriellen Besitztümern sehr achtlos um. Die meisten von uns halten Vieles für selbstverständlich und nicht beachtenswert. Erst, wenn wir etwas verlieren, wird uns schmerzlich bewusst, welch einen Schatz wir doch hatten und wie dankbar dafür wir hätten sein können, als wir ihn noch besaßen.

Hier eine kleine Liste von Dankbarkeiten als Anregung.

Ich bin dankbar für:
- meinen wunderbaren Partner
- meine Kinder
- mein gemütliches Zuhause
- Freunde, mit denen ich über alles reden kann
- ein Lächeln,
- meine Gesundheit
- meinen Hund, der mir viel Freude macht
- die Liebe meines Partners
- meine Arbeit, die mir Spaß macht
- meine Eltern und was sie für mich getan haben
- jeden neuen Tag,
- jeden Sonnenuntergang, den ich erleben darf
- die Menschen, die für mich da sind, wenn ich sie brauche,
- meine netten Kollegen,
- Komplimente meiner Mitmenschen
- meine Sinne, dass ich hören sehen, riechen und schmecken kann, usw.

Wofür bist Du dankbar?
Wofür könntest Du dankbar sein?
Wofür könntest Du Danke sagen oder Dich bedanken?
Worüber könntest Du Dich freuen?

Anlässe, um dankbar zu sein und sich zu freuen, gibt es viele - wenn Du bereit bist, vieles Selbstverständliche wertzuschätzen. Denke daran: Was heute noch selbstverständlich für Dich ist, kann schon morgen ein schmerzhafter Verlust oder zumindest eine Einschränkung sein, die Dir das Leben weniger angenehm erscheinen lässt.

Wenn wir die ganze Menschheit auf ein Dorf von 100 Einwohnern reduzieren würden, wobei wir auf die Proportionen aller bestehenden Völker achten, wäre dieses Dorf so zusammengestellt: 57 Asiaten, 21 Europäer, 14 Amerikaner (Nord u. Süd), 8 Afrikaner, 52 wären Frauen, 48 wären Männer, 70 Nicht-Weiße, 30 Weiße, 70 Nicht-Christen, 30 Christen, 89 Heterosexuelle, 11 Homosexuelle, 6 Personen würden 59% des gesamten Weltreichtums besitzen und alle 6 Personen kämen aus den USA. 80 hätten keine ausreichenden Wohnverhältnisse, 70 wären Analphabeten, 50 wären unterernährt. Einer würde sterben, 2 würden geboren. Einer hätte einen PC. Einer hätte einen akademischen Abschluss. Falls Du heute Morgen gesund und nicht krank aufgewacht bist, bist Du glücklicher als 1 Million Menschen, welche die nächste Woche nicht erleben werden. Falls Du nie einen Kampf des Krieges erlebt hast, nie die Einsamkeit durch Gefangenschaft, die Agonie des Gequälten, oder Hunger gespürt hast, dann bist Du glücklicher als 500 Millionen Menschen der Welt. Falls Du Deine Religion ausüben kannst, ohne die Angst, dass Dir gedroht wird, dass man Dich verhaftet oder Dich umbringt, bist Du glücklicher als 3 Milliarden Menschen der Welt. Falls sich in Deinem Kühlschrank Essen befindet, Du angezogen bist, ein Dach über dem Kopf hast und ein Bett, bist Du reicher als 75% der Menschen dieser Erde. Falls Du ein Konto bei der Bank hast, etwas Geld im Portemonnaie und etwas Kleingeld in einer kleinen Schachtel, gehörst Du zu 8% der wohlhabenden Menschen auf dieser Welt. Einer hat irgendwann Mal gesagt: Arbeitet, als würdet ihr kein Geld brauchen. Liebt, als hätte euch noch nie jemand verletzt. Tanzt, als würde keiner hinschauen, Singt, als würde keiner zuhören. Lebt, als wäre das Paradies auf der Erde.

Nun erstelle Deine eigene Dankbarkeits-Liste, die Du Dir immer dann durchlesen kannst, wenn Du Dich niedergeschlagen, zurückgesetzt oder einsam fühlst. Indem Du Dir vor Augen hältst, wie viel Gutes und Schönes es in Deinem Leben gibt, fühlst Du einen inneren Reichtum und Deine Stimmung wird sich schlagartig bessern. Wie jedes Gefühl, so lassen sich auch Dankbarkeit und die mit der Dankbarkeit verbundenen positiven Gefühle trainieren. Je öfter Du Dir Deinen inneren sowie äußeren Reichtum vor Augen hältst, umso stärker sind die damit verbundenen positiven Gefühle. Wenn Du nicht weißt, was Du hast, dann fragst Du Dich ständig, was Dir fehlt - und das ist der beste Weg, um unzufrieden zu sein.

> **Dankbarkeit führt zu innerer Harmonie und zu innerem Frieden. Die Kraft der Dankbarkeit ist eine Liebeserklärung an das Leben.**

Toleranz und Wertschätzung Anderen gegenüber

„Alle Dinge sind die Liebe Gottes, in Dinge verwandelt."
Ernesto Cardenal

So wie man im Yoga bestimmte Körperhaltungen einnimmt, so empfiehlt es sich auch im Leben bestimmte geistige Haltungen einzunehmen. Eine davon ist die Haltung der Toleranz und der Wertschätzung sich selbst und Anderen gegenüber. Das klingt oft einfacher, als es ist. Karma-Ablösung stärkt diese Haltung und damit meine ich nicht nur Wertschätzung, die sich nur auf unsere Mitmenschen bezieht, sondern auch auf Tiere und die Natur. Eben auf ALLES.

Doch fragen wir uns zuerst, was Toleranz und was Wertschätzung eigentlich bedeuten. Toleranz ist der erste Schritt weg von der Ablehnung bestimmter Menschen oder Dinge hin zu einem liebevolleren Sein. Und der ist erforderlich, denn wenn ein Mensch einen anderen hasst, so ist es selten der Fall, von der unteren Stufe Hass gleich auf die hohe Ebene der Wertschätzung zu gelangen. Es gibt die Zwischenstufe der Toleranz, die uns eine innere Wandlung ermöglicht.

Wertschätzung eines Menschen wiederum bedeutet, den ihm innewohnenden Wert anzuerkennen und vorurteilsfrei zu respektieren. Was ist das Besondere an Wertschätzung?

- **Wertschätzung vergrößert das Selbstwertgefühl sowohl beim Empfänger als auch beim Geber. Es ist auf energetischer Ebene zugleich eine Herz-zu-Herz-Umarmung.**

- **Immer dann, wenn wir einen Menschen aufrichtig wertschätzen, öffnen wir uns auch selbst für positive Wandlungen.**

- **Echte Wertschätzung bedarf keines Gegenwertes. Sie ist sich selbst Belohnung genug.**

Ganz banal festgestellt: Je mehr Wertschätzung man Anderen gegenüber besitzt, desto mehr hat man vom Leben.

Ich selbst wertschätze nicht nur jene Menschen, die auch mich wertschätzen oder meine Vorlieben und Meinungen teilen. Wertschätzung ist kein Tauschgeschäft und hat auch nichts mit Gemeinsamkeiten zu tun. Auch kümmert sie sich nicht um Hierarchien (z.B. Chef und Angestellter). Es geht nicht um gemeinsame Vorlieben, es geht darum selbst ein „Liebender" zu werden, dessen Liebe nicht objektabhängig und stattdessen für alle da ist.

Werfen wir dazu einen Blick in die Natur: Die Blumen blühen für uns alle, nicht nur für auserwählte Individuen, die Sonne scheint für alle und der Baum spendet uns allen Schatten, wenn wir uns unter ihn setzen. Alle werden bedacht, alle werden gleich geschätzt, alle werden beschenkt. Wertschätzung geschieht einfach nur aus der Freude am Wertschätzen. Sie braucht keinen Grund. Wenn Wertschätzung abhängig wird von einem bestimmten Wesen und seinem Verhalten, dann führt das nur dazu, dass man sich an Gemeinsamkeiten erfreut und wegen Andersartigkeiten früher oder später – und meist früher als später - enttäuscht wird.

WAHRE Wertschätzung geht an alle Menschen, egal wie sie sein mögen. Sie ist vollkommen unabhängig von dem Aussehen, der Leistung und den materiellen Errungenschaften eines Menschen. Man könnte sie in einem Satz an einen anderen Menschen etwa so zusammenfassen: „Du bist für mich ein wertvoller Mensch, einfach nur, weil Du da bist."

Jeder Mensch, ob Freund oder Fremder, hat grundsätzlich Anerkennung und Respekt verdient, auch dann, wenn er einen sogenannten „Fehler" begeht. Auf dieser Basis kann auch Kritik geübt und eine Diskussion über verschiedene Meinungsbilder geführt werden, ohne dass die Situation eskaliert.

Wenn ein Kind kritisiert wird, lernt es zu verurteilen.
Wenn ein Kind angefeindet wird, lernt es zu kämpfen.
Wenn ein Kind verspottet wird, lernt es, schüchtern zu sein.
Wenn ein Kind beschämt wird, lernt es, sich schuldig zu fühlen.

Wenn ein Kind verstanden und toleriert wird, lernt es, geduldig zu sein.
Wenn ein Kind ermutigt wird, lernt es, sich selbst zu vertrauen.
Wenn ein Kind gelobt wird, lernt es, sich selbst zu schätzen.
Wenn ein Kind gerecht behandelt wird, lernt es, gerecht zu sein.
Wenn ein Kind geborgen lebt, lernt es zu vertrauen.
Wenn ein Kind anerkannt wird, lernt es, sich selbst zu mögen.
Wenn ein Kind in Freundschaft angenommen wird, lernt es, in der Welt Liebe zu finden.

Dieser Text steht über dem Eingang einer tibetischen Schule

Liebe und Wertschätzung braucht jeder, auch diejenigen, die sich selbst und anderen gerne vorspielen, sie bräuchten sie nicht. Innerlich sind das oft diejenigen, die am meisten verzweifelt und liebesbedürftig sind. Ich habe oft erlebt, dass Klienten in der Gegenwart von wertschätzenden Menschen aufblühen und dass die Wertschätzung eine Lebensfreude zum Vorschein bringt, die zuvor nicht da war. Wertschätzung und Respekt bedeutet somit zugleich Vorbild zu sein für Andere.

Natürlich gilt auch hier „wie innen, so außen". Wie wir vom Gesetz der Anziehung wissen, hat alles, was wir tun, eine Rückwirkung auf das eigene Sein - die Wertschätzung zu anderen Menschen steht also immer in Bezug zu uns selbst. Wir können andere Menschen nicht wertschätzen, wenn wir keine Wertschätzung zu uns selbst empfinden. Oder andersherum gesagt: Wertschätze ich jemanden nicht, dann wertschätze ich mich selbst nicht. Um uns selbst wertschätzen zu können, müssen wir ALLE Teile in uns annehmen, ohne sie zu unterdrücken, zu verleugnen, zu verteufeln oder zu verurteilen. Verurteilung ist das exakte Gegenteil von Wertschätzung und Annahme. Das Empfinden von positiven Gefühlen erfordert absolute Urteilsfreiheit.

Wenn man es z.B. mit einem Alkoholiker, einem Dieb oder einem Gewalttäter zu tun hat, dann erscheint es als ganz normal und selbstverständlich, solche Menschen zu verurteilen und sie nicht wertzuschätzen. Doch eine Verurteilung bzw. eine Schuldzuweisung bietet keinerlei Aussicht auf Verbesserung, im Gegenteil, sie vergiftet das Klima und schadet sowohl dem, der den Vorwurf macht als auch dem, dem etwas vorgeworfen wird. Das wäre absolut kontraproduktiv. Man setzt damit Energien frei, die eine positive Entwicklung verhindern. Wer Dreck berührt, wird von ihm beschmutzt. Klare Sache, da braucht man sich nichts vorzumachen. Erst durch die Energie der Wertschätzung kann sich eine Transformation vom Dunkel ins Lichtvolle vollziehen. Wenn wir das Gefühl haben, für solche Menschen keine Akzeptanz aufbringen zu können, dann ist das ein klares Zeichen dafür, dass es etwas in uns zu heilen gibt.

Tief im Inneren sind wir alle miteinander verbunden, sagt uns die Quantenphysik und sie lehrt uns zudem, dass der Beobachtete die Beobachtung bestimmt. Wenn man diese Lehre auf uns Menschen überträgt, bedeutet dies: Unsere Mitmenschen werden uns das entgegen bringen, was wir in ihnen sehen, denn dadurch holen wir es hervor. Es wird uns stets die Ebene im Anderen antworten, auf der wir uns selbst gerade befinden. Durch „Positivprojektionen" helfen wir anderen Menschen, ihr großartiges Potenzial heraus zu lassen. Der eigentliche Sinn zwischenmenschlicher Beziehungen ist die Reflektion bzw. das Spiegeln des eigenen Inneren, so dass wir alle zu uns selbst finden können. Jeder einzelne Mensch auf Erden ist demnach eine Chance, das Lieben und Wertschätzen zu lernen. Das Zusammenleben mit anderen Menschen in jeglicher Gesellschaftsform erfordert tägliche, liebevolle Pflege. Wenn man nicht täglich Liebe darauf „gießt", verwelkt der zwischenmenschliche Umgang wie eine Blume in der Wüste.

In jedem von uns ist das Bedürfnis verwurzelt, das „Göttliche" in ALLEM zu sehen. Wieso das so ist? Ganz einfach. Weil dies der Natur von ALLEM entspricht und weil ein jeder von uns die Erinnerung an seine göttliche Herkunft nicht verloren hat. Zugegeben: Es gibt Verbindendes und Trennendes zwischen den Menschen, doch das Trennende ist nur mit den Augen des Ego zu sehen und stellt eine „Äußerlichkeit" dar. Was ist das Typische an Äußerlichkeiten? Sie kommen und sie gehen, sie bleiben nie für immer, sie sind vergänglich. Doch das verbindende Göttliche in unserem Herzen ist das Zentrum des Inneren, es ist das ewige Sein, das, was IMMER bleibt.

„Größer als alle Pyramiden, als der Himalaja, als alle Wälder und Meere ist das menschliche Herz. Es ist herrlicher als die Sonne und der Mond und alle Sterne, strahlender und blühender. Es ist unheimlich in seiner Liebe."
Heinrich Heine

Indem wir das Göttliche in anderen Menschen wahrnehmen, nähern wir uns selbst der Einheit des Seins / der Schöpfung / der Existenz. In jedem von uns schlummert der Gottesfunke, der nur durch Liebe und Wertschätzung „heraus gekitzelt" werden kann. Denken wir hierbei an das Märchen „Dornröschen": Das verzauberte Königreich sind wir selbst, die schlafende Prinzessin ist unsere göttliche Natur und der rettende, erlösende Kuss ist die Wertschätzung. Und ganz wichtig: Kein Mensch muss perfekt und vollendet sein wie eine Prinzessin, um Anerkennung von uns erfahren zu dürfen. All die Ecken und Kanten, die ein jeder hat, dürfen gerne vorhanden sein. Wir sollten einfach das höchste Prinzip des Göttlichen in ihm sehen, das Vollkommene, das, was er im tiefsten Kern seines Wesens ist. Diese Sichtweise ist übrigens nichts Neues. Die Liebeskunst Tantra z.B. beruht auch darauf, im Partner den höchsten Gott bzw. die höchste Göttin zu sehen.

> *„Macht können wir durch Wissen erlangen, aber zur Vollkommenheit gelangen wir nur durch die Liebe."*
> Tagore

Sehen wir immer das Göttliche in unseren Mitmenschen und in uns selbst. Diese Sichtweise wird z.B. in einem Stamm im südafrikanischen Bambeda praktiziert: Wenn dort jemand gegen die Stammesgesetze verstößt, muss er sich in die Dorfmitte begeben. Alle Stammesangehörigen werden zusammen gerufen und bilden einen Kreis um ihn. Dann spricht ein Stammesangehöriger nach dem anderen in allen Einzelheiten über all das Gute und Schöne, das die Person im Kreis in seinem bisherigen Leben getan hat. Alle positiven Charaktereigenschaften, die Hilfsbereitschaft, das liebevolle Wesen und alle Stärken werden genauestens hervorgehoben.

Diese Prozedur der Wertschätzung nimmt oftmals mehrere Tage in Anspruch, da es eben seine Zeit dauert, alles Positive über eine Person zur Sprache zu bringen. Zum Schluss wird der Kreis geöffnet und es folgt eine große Feierlichkeit, mit der man zeigt, dass der „Regelbrecher" wieder zum Stamm gehört.

Dieses Beispiel zeigt uns deutlich, wie wichtig die Wertschätzung im zwischenmenschlichen Umgang ist. Niemand wird gekränkt, herablassen kritisiert, verflucht, verteufelt, verurteilt oder ausgestoßen. Stattdessen hilft man durch ehrliche und aus dem Herzen kommender Wertschätzung, dass ein Mitmensch sein Gesicht wahren und sich selbst als etwas Liebevolles sehen kann. DAS ist der Weg, um die harmonische Einheit wieder herzustellen. Für mich persönlich ist das der göttliche Weg. Jede andere Form des Lebens erzeugt zwangsläufig Leid. Und auch wir können es so handhaben. Immer dann, wenn wir Probleme damit haben, jemanden zu respektieren, sollten wir uns bezüglich dieser Person im Stillen sagen: „Ich schätze das Göttliche in Dir."

Mit Toleranz und Wertschätzung segelt es sich leichter auf dem Ozean des Lebens. Wenn wir sie anderen Menschen geben, kehren sie in unser eigenes Herz zurück. Um den ersten Schritt in Richtung Wertschätzung zu gehen, muss man sich im Grunde nur eine einzige Frage stellen: „Wie möchte ich selbst gerne behandelt werden?"

Lebe authentisch

Die meisten Menschen tragen Masken, weil sie glauben, dass ihr wahres Selbst nicht gut genug ist. Man achtet gemeinhin mehr auf die Erwartungen seiner Mitmenschen, als auf das, was man selbst will, bis man sich von sich selbst entfremdet. Die Angst, von seinen Mitmenschen nicht angenommen zu werden, beschert uns ein chronisches Gefühl der „Un-zu-Frieden-heit" (man verspürt keinen inneren Frieden).

„Allen Leuten recht getan, ist eine Kunst, die niemand kann."
Volksmund

Doch warum ist das so, woher kommen diese inneren Ängste, anderen Menschen und ihren Erwartungen gerecht zu werden? Auch hier sind karmische Altlasten als Ursache zu sehen. Hat z.B. jemand in einer früheren Inkarnation erlebt, dass er unerwünscht ist, so trägt er diese Energie als unbewusste Überzeugung tief in sich und wird sich dementsprechend fühlen und danach handeln. Der Kernglaubenssatz „Ich bin nicht gut, so wie ich bin", wird früher oder später dazu führen, dass man sich verstellt und sein authentisches Selbst verleugnet. Solch ein falsches Leben ist Krieg gegen sich selbst und macht uns immer trauriger und trostloser. Man fühlt sich bedrückt und weiß gar nicht mehr wieso, da uns unsere falsche Identität so sehr in Fleisch und Blut übergegangen ist, dass wir sie für unser wahres Wesen halten. Dieses 24-Stunden-Schauspiel belastet die Seele und macht krank. Eine falsche Persönlichkeit macht uns nicht „satt" und bedeutet verloren gegangene Lebenszeit. Keine einzige Sekunde, die man in ein unauthentisches Leben investiert, lässt sich ersetzen. Diese Zeit ist für immer weg, man hat sie nicht real gelebt und ist jemandem oder etwas gefolgt, was nicht wirklich zu uns gehört.

Wenn zwei Falken auf einem Baum sitzen und ein Schwarm
Wildenten fliegt vorbei, dann sagt auch nicht ein Falke zum andern:
„Schau, da fliegt die Mehrheit,
das muss der richtige Weg sein, schließen wir uns an!"
Sie werden weiterhin als Falken dem Weg der Falken folgen.
Indianische Weisheit

Man sollte weder aus Anpassung noch aus Trotz heraus leben, sondern authentisch und frei. Karma-Ablösung macht uns individueller und zu einem Individuum gehört auch die Fähigkeit „Nein" zu sagen. Jedes „Nein" zu etwas, das nicht zu uns gehört, ist automatisch ein „JA" zu unserem wahren Selbst. Karmafrei können wir unserem wahren Wesen freien Lauf lassen, ohne uns dafür schuldig zu fühlen. Und dies ist gut so, denn immer wenn man das authentische, natürliche Selbst unterdrückt, blockiert man damit die eigene Lebensenergie.

„Es ist gut, deiner eigenen Natur gemäß zu leben und zu sterben.
Der Natur eines anderen Menschen zu folgen ist gefährlich."
Krishna

Folgen wir nicht ewig äußeren Vorbildern, sondern verwirklichen wir unser Selbst-Bild. Irgendwann wird es Zeit, dass der flügge gewordene Vogel das Nest verlässt und endlich seinen eigenen Weg zu beschreiten. Man könnte vereinfacht auch sagen: „Lieber Natur als Dressur." Nach der Karma-Ablösung kommt man in Harmonie mit der Person, die man wirklich ist. Man spürt immer mehr, wer man ist und was man wirklich will. Und erst in diesem Bewusstseinszustand wird man Lebensumstände anziehen, die erfüllend sind. Man wird seine Gefühle wieder aus vollem Herzen leben, so dass man auch Entscheidungen aus seinem wahren Sein treffen kann. Und das ist wichtig, denn sonst lebt man, obgleich man als Original geboren wurde, ein Leben als Kopie. Die Inschrift am griechischen Tempel von Delphi lautet: „Erkenne Dich selbst."

Manch einer fragt sich vielleicht, warum dort nicht steht: „Liebe dich selbst." Für mich liegt die Antwort klar auf der Hand: Man kann sich erst dann selbst lieben, wenn man zu sich selbst geworden ist, statt als Kunstgebilde durch die Welt zu gehen.

Als der chassidische Mystiker Josiah im Sterben lag, wurde er gefragt: „Bist du dir sicher, dass Moses für dich Zeugnis ablegen wird?" Und Josiah antwortete: „Gott wird mich gewiss nicht fragen, warum ich kein Moses bin. Er wird mich fragen, warum ich kein Josiah bin." Die Schöpfung ist kein Fließbandunternehmen, welches immer wieder die gleichen Menschen erschafft. Nein, die Schöpfung ist ein begnadeter und talentierter Künstler, dessen Werke alle absolut einzigartig und mit Liebe erschaffen sind. Keine ihrer Schöpfungen ist wie eine andere. Wie sagt ein Sprichwort: Hätten alle Menschen Etiketten, würde auf jedem stehen: Material: Einzigartig; Art: Individuell; Preis: Unbezahlbar. Deshalb befreie Dich von Deinem Karma und sage dann aus ganzem Herzen JA zu Dir und Deinem Leben.

Rufen wir uns Folgendes bitte täglich in Erinnerung: Nur wenn wir WAHR leben, erleben wir WAHRES Glück. Wenn wir uns von karmischen Fesseln befreien, erkennen wir uns selbst, finden zu uns zurück und leben ein Leben aus erster Hand. Nur dann sind wir authentisch und integer (Integrität: Unbeeinträchtigter Zustand; Ganzheit, Vollständigkeit, Reinheit, Vollkommenheit).

> **Ich bin hier auf der Welt, um das, was ich wirklich bin, auszudrücken, zu leben, in die Welt einzubringen und meine Wünsche wahr zu machen. Deshalb lebe DEINE Wirklichkeit und lebe Dich selbst in Deiner Natürlichkeit.**

Ur-teilen

Wie gehen wir mit unseren Lebensumständen um? Meist sind wir schnell mit Bewertungen und Urteilen zur Stelle, ständig richten wir über etwas, fast so, als sei es vom Arzt verschrieben. Angefangen mit unseren Mitmenschen, unserem Körper, unserer finanziellen Lage bis zu unseren früheren Beziehungen. Verurteilen ist einfach, das kann jeder. Doch wie fühlen wir uns, wenn UNS jemand verurteilt? Ob wir etwas als "gut" oder "schlecht" bezeichnen, sagt wenig über die Wirklichkeit und mehr über uns selbst aus. Nehmen wir dazu folgende Situation als Beispiel: Ein Ehepaar geht auf eine Party. Dort unterhält sich die Frau eine halbe Stunde mit einem anderen Mann. Der Ehemann sieht das und sagt später zu seiner Frau: „Ich habe gesehen, wie du auf der Party mit diesem Mann geflirtet hast." Doch ist das wahr, was der Mann sagt? Um was handelt es sich bei seiner Aussage? Um eine objektive Beobachtung oder um eine subjektive Bewertung? Der Mann ist hier als Bewerter tätig, nicht als Beobachter, denn er sah etwas, was ihm ganz und gar nicht gefiel, reagiert nun emotional und interpretiert das Beobachtete aus seiner persönlichen Sicht heraus.

> *„Wenn ein Urteil im Geist entsteht, sollte man es als solches erkennen und sich gleichzeitig daran erinnern, dass man dabei ist, das, was geschieht, lediglich zu beobachten, ohne es zu bewerten, ohne es festzuhalten, zu verfolgen oder in irgendeiner Form darauf zu reagieren."*
> *Kabat-Zinn*

Der glückliche und gesunde Weg ist der Weg frei von Urteilen. Krishnamurti spricht hierbei von ‚Choiceless Awareness' – urteilsfreie Bewusstheit. Das Gegenteil davon sind urteilen, bewerten, vergleichen, Konkurrenzdenken – all das bedeutet Kampf und Disharmonie. Sobald

Du diesen Kampf als unnütze Zeitverschwendung betrachtest, befreist Du Dich von Deinem selbstzerstörerischen EGO-Denken. Jedes UR-TEILEN teilt das Sein in gut und schlecht auf, doch die Quantenphysik sagt uns, dass es nichts Getrenntes gibt. Das Sein ist eins. Es sind aufgrund unserer Schöpfermacht immer unsere eigenen Schöpfungen, die uns das Leben präsentiert. Wenn Du also irgendjemanden ver-ur-TEILST, verurteilst Du nur Dich selbst. In dem Moment, in dem ich jemanden wegen etwas Schlechtem, was mir widerfahren ist, beschuldige, reduziere ich mich auf eine hilflose Marionette, welche die Verantwortung weit von sich schiebt und sich in ihrer Opfermentalität wohl fühlt. Kein Mensch wird als Opfer geboren, aber die meisten Menschen machen sich zu Opfern. Dabei geht es nicht um Schuld, sondern um die Schule des Lebens. Ärgern wir uns also nicht über unsere Mitmenschen und Situationen, denn sie spiegeln nur unser eigenes Inneres.

„Richte nicht, auf dass du nicht gerichtet wirst."
Bibelzitat

Vorsicht auch vor dem Bewerten einzelner Lebenssituationen. Die meisten Menschen erleben etwas und bewerten es als „gut" oder „schlecht". Doch auch hierbei übersehen die meisten, dass alles, was existiert, eine große Einheit darstellt.

Eines Nachts befand sich eine Frau am Flughafen. Sie musste mehrere Stunden auf ihren Flug warten. Während sie wartete, kaufte sie sich ein Buch und eine Packung Kekse. Sie nahm auf einer Wartebank Platz und schlug ihr Buch auf. Sie war sehr vertieft in ihr Büchlein, als sie plötzlich einen jungen Mann bemerkte, der neben ihr saß und ohne jegliche Zurückhaltung seine Hände ausstreckte und nach der Packung Kekse griff, welche zwischen ihnen lag. Er begann einen Keks nach dem anderen zu essen. Da die Frau deshalb nicht viel Aufhebens machen wollte, entschied sie sich, den jungen Mann zu ignorieren. Die Frau aß die Kekse, während der schamlose Keksdieb dabei war, die ganze Packung leer zu essen. Die Frau begann sich an diesem Punkt zu ärgern und dachte: „Wenn ich keine solch gut erzogene Person wäre, hätte ich diesem frechen Kerl schon längst ein blaues Auge verpasst." Jedes Mal, wenn sie einen Keks aß, nahm sich der Mann auch einen. Der Dialog zwischen ihren Augen setzte sich fort und als nur noch ein Keks übrig war, fragte sie sich, was der junge Mann wohl nun tun würde. Sanft und mit einem nervösen Lächeln nahm der Mann den letzten Keks und brach ihn entzwei. Er bot eine Hälfte der Frau an, während er die andere Hälfte selbst aß. Rasch nahm sie den Keks und dachte: „Was für ein unverschämter Mann! Wie unerzogen! Er hat mir nicht einmal gedankt!" Sie hatte noch nie jemanden getroffen, der so unverschämt war. Erleichtert aufatmend hörte sie, wie ihr Flug angekündigt wurde. Sie ergriff schnell ihre Taschen und ging - ohne nach hinten zu blicken, wo der unverschämte Keksdieb saß. Nach dem Einstieg in das Flugzeug, und nachdem sie sich gesetzt hatte, suchte sie nach ihrem Buch, welches bald ausgelesen war. Während sie in ihre Tasche blickte, fand sie, völlig überrascht, ihre Packung Kekse fast unberührt. „Augenblick Mal, wenn meine Kekse hier sind", dachte sie, sich schrecklich mies fühlend, „waren die anderen Kekse von dem jungen Mann, und er hat versucht, sie mit mir zu teilen." Es war zu spät, um sich bei dem jungen Mann zu entschuldigen, sie begriff schmerzhaft, dass SIE diejenige war, die unverschämt, unerzogen und ein Dieb gewesen war, und nicht er.

Wie oft in unserem Leben waren wir uns einer Sache sicher und gewiss, nur um später zu entdecken, dass das doch nicht so war? Wie oft hat unser mangelhaftes Vertrauen uns dazu verleitet, andere ungerecht nach unseren Maßstäben zu verurteilen, mit den subjektiven Vorstellungen, die wir uns einbildeten, die aber oft weit weg von der Wirklichkeit und Wahrheit lagen? Wenn wir auf jemanden wütend sind und ihn verurteilen, dann ist keine Verständigung mehr möglich, dann steckt man in einer Einbahnstraße, in festgefahrenen Gleisen wie ein Zug, so dass eine Wendung unmöglich ist. Das hat übrigens nichts mit kritikloser Akzeptanz zu tun, wenn man selbst oder jemand anders einen Fehler gemacht hat und diesen nicht aburteilt. Fehler machen ist ganz natürlich, es gehört zur menschlichen Natur des Lernens.

> *„Auf jemanden anderen böse oder ärgerlich sein, ist so, als nehme man selbst Gift, und hofft darauf, dass der andere stirbt!"*
> Gandhi

Fragen wir uns doch ganz ehrlich: Bringt es uns was, andere Menschen zu kritisieren und zu bevormunden, sie wegen ihrer „dunklen Punkte" zu verurteilen? Mit der Dunkelheit selbst kann man nichts machen. Selbst dann, wenn man sich Dunkelheit wünscht, muss man sich zuerst dem Licht widmen und es ausschalten. Es geht immer nur übers Licht, etwas zu bewirken. Widmen wir uns lieber unserem eigenen Licht, werden wir ein strahlendes Vor-BILD und die Dunkelheit um uns herum wird nach und nach verschwinden. Auch eine Kerze muss zuerst brennen, um andere Kerzen zu entzünden. Man sollte auch nie vergessen, dass, wenn man mit dem Finger auf einen anderen Menschen zeigt, immer drei Finger seiner eigenen Hand auf einen selbst zeigen! Jedes Urteil ist zugleich ein Selbsturteil. Wenn wir in bestimmten Situationen schon nicht anders können als unsere Mitmenschen zu beurteilen, dann beurteilen wir nicht den Menschen, sondern nur seine Tat, seine Handlung, das, was er getan hat.

> *„Der einzige Mensch, der sich vernünftig benimmt, ist mein Schneidor. Er nimmt jedes Mal neu Maß, wenn er mich trifft, während alle anderen immer die alten Maßstäbe anlegen in der Meinung, sie passen auch heute noch."*
> George B. Shaw

Werfen wir an dieser Stelle einen genaueren Blick auf das Bedürfnis über sich selbst zu Gericht zu sitzen: Verurteilen des eigenen Verhaltens geht einher mit Schuldgefühlen (Glückstöter erster Klasse). Wären keine Schuldgefühle im Spiel, so würde man einfach den „Fehler", um den es geht, berichtigen und damit wäre die Sache erledigt. Fühlen wir uns aber schuldig, dann verurteilen wir uns und bleiben somit an dem Gefühl der Schuld kleben. Das bedeutet konkret, dass man nicht mehr vorwärts lebt, sondern an ein- und derselben Stelle fest hängt. Man versucht nach vorne zu gehen, aber es ist wie auf einem Laufband – man kommt einfach nicht von der Stelle. Das Gefühl der Schuld ist eine seelische Wunde, die uns daran hindert, unser volles Potenzial zu leben und die uns unserer Selbstwürde beraubt.

> **„Befreie dich um jeden Preis von jeder Schuld, die du trägst, wenn du zum Glück gelangen willst."**
> Carl Hilty

Jedes noch so winzig kleine Schuldgefühl vergiftet unsere Schwingung. Wir fühlen uns dann schlecht, gereizt, unter Druck gesetzt oder verärgert. Und diese innere Spannung entladen wir für gewöhnlich im Außen. Und nach der eisernen Logik des Gesetzes der Anziehung ziehen wir uns auf diese Weise Lebensumstände an, die uns noch mehr Gründe liefern, uns zu ärgern. Irgendwann raubt uns diese disharmonische Schwingung schließlich unsere Freude am Leben.

> **„Die einzige Möglichkeit, nicht hinter dem Leben hinterher zu hinken und mit dem Leben in direktem Kontakt zu sein, ist, ein Herz zu haben, das sich nicht schuldig fühlt."**
> Osho

Kein Schuldgefühl kann verhindern, dass wir Fehler machen. Ebenso wenig kann ein Schuldgefühl einen Fehler ungeschehen machen. Es ist absolute Zeitverschwendung sich ständig zu fragen, warum man nicht anders gehandelt hat, denn passiert ist eben passiert und in die Vergangenheit reisen und alles rückgängig machen geht nun Mal eben nicht. Also akzeptieren wir die Situation einfach so, wie sie gerade ist und machen das Beste daraus, ganz egal, ob es sich nun um unseren Fehler oder den eines anderen Menschen handelt. Wir alle lernen jeden Tag etwas Neues dazu (oft durch sogenannte Fehlentscheidungen) und das ist absolut okay so. Durch unsere Vergangenheit, ganz egal wie „fehlerbehaftet" sie war, sind wir innerlich gewachsen und das sollte gewürdigt werden.

Als Kind sind wir zig Mal hingefallen, als wir das Gehen lernten, aber HEY – das gehört einfach dazu. Kein Problem, es sei denn, wir machen aufgrund von Schuldgefühlen eins draus. Was sagen uns überkritische Schuldgefühle? Dass wir „schlecht" sind, dass wir büßen sollen, dass wir bestraft werden müssen. Wir machen uns selbst zu Sündern, denken, dass mit uns etwas nicht stimmt. Nehmen wir uns in diesem Zusammenhang Kleinkinder als Vorbild: Sie bestrafen sich selbst nicht, ganz egal, wie lange sie brauchen, um sprechen zu lernen. Fehler (wenn man sie überhaupt so nennen kann) sind perfekte Gelegenheiten, dazu zu lernen. Das Gefühl der Schuld verhindert das jedoch. Der Unterschied zwischen einem Fehler und Schuld ist der, dass Fehler nur korrigiert werden müssen, während Schuld uns unbewusst glauben lässt, wir müssten bestraft werden. Dabei sind wir schon bestraft worden – nämlich durch den Fehler selbst. Schuldgefühle sorgen dafür, dass wir uns für einen Fehler Millionen Mal selbst bestrafen. Sie sorgen dafür, dass wir uns unwürdig fühlen, dass wir uns selbst verachten und uns selbst ablehnen. Daraus entstehen über kurz oder lang Minderwertigkeitskomplexe. Es gibt nur Ursache und Wirkung. Schuld ist im Grunde eine selbst erschaffene Zwangsvorstellung, ein abstraktes Gedankenkonstrukt, mehr nicht. Fühle Dich nicht schuldig, beschließe einfach es in Zukunft anders zu machen.

Woher kommt eigentlich das menschliche Bedürfnis, ständig zu kritisieren, zu bewerten, mit dem Finger auf andere zu zeigen? Warum verurteilen wir so gerne? Das ist doch die Frage, um die es hier geht. Woher kommt dieser Drang, andere Menschen schlecht zu machen? Sind das wirklich WIR? Die Antwort lautet: Nein. Dieses Bedürfnis liegt am vom Ego geprägten, menschlichen Verstand, welcher dual arbeitet (aufgespalten in zwei Dualitäten, in die linke und in die rechte Gehirnhälfte). Er arbeitet polar, er vergleicht, kategorisiert, unterscheidet in gut und schlecht, in schwarz und weiß, in richtig und falsch. Obgleich alles EINS ist, spaltet der Verstand alles in zwei Seiten auf. Das muss er tun, denn er geht durch seine verzerrte Sicht ja davon aus, dass tatsächlich alles voneinander getrennt ist. Das Herz (die Schnittstelle zur Göttlichen Seele) hat dies nicht nötig, denn für das Herz gibt es keine Aufteilungen, sondern nur das wahre Sein. Allein schon aus diesem Grund ist Karma-Ablösung so immens wichtig, denn sie bringt uns in Kontakt zur Göttlichen Seele. Diese ist direkt an der göttlichen Quelle, während unsere ICH-Persönlichkeit (unser Ego) hier auf Erden so etwas wie ein Übersetzungsapparat ist, die alles erst deuten muss, weil sie vieles in ihrer natürlichen Essenz nicht nachvollziehen kann.

Unser Ego ist im Grunde wie ein Tourist im Reisebus, der fotografiert statt mit eigenen Augen hinzusehen (und selbst die beste Kamera hat ein sehr begrenztes Blickfeld). Das Wahre und Göttliche in allem und jedem wird dabei ausgeblendet und stattdessen wird alles der vorurteilsbeladenen Ego-Sichtweise angepasst und untergeordnet. Doch wer einen Wald von Vorurteilen pflanzt, dem gedeihen Holzwege in Hülle und Fülle. Mit einer solchen Sichtweise entgeht einem immer das große Gesamtbild, weil das Ego eine zu 100% selektive Wahrnehmung hat, wohingegen das Herz / die Göttliche Seele den Gesamtüberblick behält. Was ich damit sagen will? Ganz einfach: Scheinbare Gegensätze wie eine Lebenskrise und Lebensglück müssen einander nicht ausschließen, sondern sie können sich hervorragend ergänzen, da sie uns gemeinsam als Persönlichkeiten wachsen lassen. Auch in der Natur gibt es solche Gegensätze: Tag und Nacht, Sommer und Winter oder Sonne und Regen. Sowohl der Winter, als auch der Sommer haben ihre eigenen Qualitäten und sollten nicht verglichen werden. Ebenso die Jugend und das Alter. Ich kann jedem nur empfehlen, einzelne Momentaufnahmen bzw. „Lebensszenen" niemals zu bewerten, denn der „Film" (unser Leben) ist ja noch am Laufen, er ist noch nicht zu Ende. Das folgende Beispiel verdeutlicht das meiner Meinung nach sehr anschaulich:

Es war einmal ein alter Mann, der zur Zeit Lao Tses in einem kleinen chinesischen Dorf lebte. Der Mann besaß ein wunderschönes Pferd, einen Schimmelhengst, um den ihn alle im Dorf beneideten. Als der König von dem Hengst hörte, wollte er ihn unbedingt besitzen. Er bot einen fantastischen Preis, aber der alte Mann sagte: „Dieses Pferd ist mein bester Freund. Ich kann doch meinen besten Freund nicht verkaufen." Der König bot mehr und mehr Geld, aber der alte Mann gab sein geliebtes Pferd nicht her, obwohl er in bitterer Armut lebte. Eines Tages war der Hengst verschwunden. Nachbarn kamen und sagten: „Du Dummkopf, das hast du jetzt davon. Warum hast du das Pferd nicht an den König verkauft? Nun ist es gestohlen worden und du hast gar nichts mehr. Weder ein Pferd, noch das Geld. Was für ein Unglück!" Der alte Mann schüttelte den Kopf: „Keiner weiß, ob es ein Unglück war. Das Pferd ist nicht im Stall. Mehr wissen wir nicht." Ein paar Tage später war der Hengst wieder da. Und mit ihm waren zwölf Wildpferde gekommen, die sich dem Hengst angeschlossen hatten. Jetzt waren die Leute im Dorf begeistert. „Du hast Recht gehabt", sagten sie zu dem alten Mann. „Das Unglück war in Wirklichkeit ein Glück. Diese herrlichen Wildpferde – nun bist du ein reicher Mann." Der Alte sagte: „Das Pferd ist wieder da. Nur das wissen wir. Ob die Wildpferde ein Glück sind, kann niemand sagen. Das Leben geht seinen eigenen Weg. Man soll nicht urteilen und werten."

Die Dorfbewohner schüttelten wieder den Kopf über den wunderlichen Alten. Warum konnte er nicht sehen, was für ein unglaubliches Glück ihm widerfahren war? Am nächsten Tag begann der Sohn des alten Mannes, die Pferde zu zähmen und zuzureiten. Nach einer Woche warf ihn eine Stute so heftig ab, dass er sich beide Beine brach. Die Nachbarn im Dorf versammelten sich und sagten zu dem alten Mann: „Du hast Recht gehabt. Das Glück hat sich als Unglück erwiesen. Dein einziger Sohn ist jetzt ein Krüppel. Und wer soll nun auf deine alten Tage für dich sorgen?" Aber der Alte blieb gelassen und sagte zu den Leuten im Dorf: „Mein Sohn hat sich die Beine gebrochen. Mehr wissen wir nicht. Wer weiß, was das zu bedeuten hat? Warten wir ab." Ein paar Wochen später begann ein Krieg. Der König brauchte Soldaten und alle wehrpflichtigen jungen Männer im Dorf wurden in die Armee gezwungen. Nur den Sohn des alten Mannes holten sie nicht ab, denn den konnten sie an seinen Krücken nicht gebrauchen. „Ach, was hast du wieder für ein Glück gehabt!" riefen die Leute im Dorf. Der Alte schüttelte den Kopf und sagte: „Wer weiß, wer weiß, wer weiß schon, was daraus erwächst."

Wie bereits gesagt: Das Ego trennt, das Herz trennt nicht, nein, es verbindet, es vereint, es führt zusammen und umarmt alle. Es weiß, dass selbst auf den ersten Blick unangenehme Situationen ihre Daseinsberechtigung haben, es bleibt voll und ganz im Vertrauen. Und durch die energetische Signatur des Vertrauens setzt man, da wir Menschen allesamt schöpferisch veranlagt sind, lebensförderliche Transformationsprozesse in Gang. Das bedeutet nicht, dass die Göttliche Seele schädliche Dinge nicht von Dir fern hält. Das tut sie selbstverständlich, aber sie macht das alles in der richtigen „Dosis" und – GANZ WICHTIG - ohne zu urteilen, denn selbst ein Stein, der Dir auf den Kopf fällt, ist nicht böse, ist nicht verurteilungswürdig, er IST einfach nur und er stellt einen Puzzle des großen Gesamtbilds dar.

> *„Es ist Unsinn, sagt die Vernunft.*
> *Es ist Unglück, sagt die Berechnung.*
> *Es ist nichts als Schmerz, sagt die Angst.*
> *Es ist aussichtslos, sagt die Einsicht.*
> *Es ist lächerlich, sagt der Stolz.*
> *Es ist leichtsinnig, sagt die Vorsicht.*
> *Es ist unmöglich, sagt die Erfahrung.*
> *Es ist, was es ist, sagt die Liebe."*
> Erich Fried

Das Schädliche, welches Dir Leiden beschert für Deine seelische Entwicklung, wird fern gehalten, indem Du durch die Verbindung zur Göttlichen Seele die richtigen Entscheidungen triffst, aber Du tust es, ohne dabei die schädliche Energie des Urteilens zu erzeugen. Und das macht einen himmelweiten Unterschied aus. Viele meiner Klienten berichteten nach einer Karma-Ablösung, wie sehr sie aus dem Urteilsdenken ausgestiegen sind. Wann immer Gedanken der (Selbst-)Verurteilung in ihnen auftauchten, verurteilten sie sich nicht, weil diese Urteile da waren, sondern beobachteten sie einfach wertfrei. Die Verbindung zur Göttlichen Seele bewirkte, dass sie sich nicht kritisierten, sich nicht rechtfertigten, sondern einfach distanziert in ihrer neutralen Beobachterrolle blieben und die Urteile vorüberzogen – bis sie schließlich vollends weg waren. Danach folgte ein großes Gefühl der inneren Erleichterung, ein wunderbares Gefühl der Freiheit.

> *„Erst wenn man imstande ist, sämtliche Vorurteile zu vergessen,*
> *wird man Fortschritte auf dem rechten Weg machen."*
> Sprichwort aus China

Fazit: Richten wir über etwas, zeigt uns das, dass wir unsere Aufmerksamkeit auf etwas Disharmonisches fokussiert haben. Immer wenn wir jemanden verurteilen, erzeugen wir Unzufriedenheit in uns. Und was ist

Unzufriedenheit? Nichts anderes als eine disharmonische Energieschwingung, die uns krank macht und unangenehme Lebensumstände erzeugt. Wenn wir verurteilen, bestrafen wir uns also selbst. Karma-Ablösung erleichtert uns den Wechsel von der subjektiven Deutung zur objektiven Wahrnehmung, so dass wir im innerseelischen Bereich freier werden. Sind karmische Stränge abgelöst, fällt es uns zunehmend leichter, Ereignisse direkt und unverfälscht zu erfahren, und die innere Urteils-Skala loszulassen.

Vergessen wir bitte nie die wichtigste Botschaft dieses Buches:

Karmafrei sein gibt uns Macht über unser Leben zurück.

Wenn wir uns über etwas ärgern, be-SCHWEREN und es anschließend verurteilen, dann geschieht das alles aus dem Gefühl der Machtlosigkeit. Doch wir haben dank Karma-Ablösung die Macht, in unserem Leben alles zu ändern, was wir wollen.

Urteilen und bewerten ist wie das Erleben aus zweiter Hand, sie entfernen uns von der Wirklichkeit. Bewertung schafft Begrenzung, während eine wertfreie Haltung eine Erweiterung im Umgang in Beziehungen und mit der Umwelt bewirkt. Wahres Glück erfordert Urteilsfreiheit.

Affirmation:
Ich bin wertfrei im Umgang mit meiner Umgebung und allen Menschen, die mir begegnen.

Macht Geld „unspirituell"?

Es gibt viele Menschen, die Geld für das große Übel der Welt halten. Sie glauben auch, dass man spirituell nicht wachsen kann, wenn man reich an Geld ist. Das ist ein sehr oberflächliches Denken. Was wäre, wenn ab morgen anstelle des Geldes Bananen die neue Währung wären? Würden wir dann etwa Bananen verteufeln? Geld ist an für sich etwas Neutrales und verdirbt keineswegs den Charakter. Es holt vielmehr das ans Tageslicht, was schon immer in uns war. Haben wir keine negativen Gedanken, so können wir auch nichts Negatives mit unserem Geld und unseren materiellen Gütern anstellen. Haben wir stattdessen vorwiegend positive Gedanken in uns, so werden wir mit unserem Geld und unseren materiellen Gütern etwas Positives schaffen. Schaffen wir mit unserem Geld und unseren materiellen Gütern etwas Positives, schenken wir uns oder anderen Menschen Freude damit, dann handeln wir in höchstem Maße spirituell und entwickeln einen guten Charakter. Lehnen wir Geld ab, so lehnen wir auch ein angenehmes Leben ab. Lehnen wir ein angenehmes Leben ab, so reduzieren wir unseren eigenen Wert und handeln der Selbstliebe entgegen. Wenn wir einmal erkannt haben, dass wir wertvoll sind, so werden wir uns nicht für ein Leben in Armut und Leid entscheiden und uns dadurch selbst einschränken.

Es gibt Menschen, die wählen einen spirituellen Weg und verzichten auf materielle Dinge wie Geld und/oder beruflichen Erfolg. Sie lehnen auch eine Partnerschaft ab und wählen die Einsamkeit, um auf diese Weise glücklich zu werden. Andere Menschen halten davon überhaupt nichts. Ihr Ziel sind Reichtum und materieller Erfolg in all seinen Formen, in der Hoffnung, dadurch glücklich zu werden. Beide Seiten sagen, dass man im Leben nicht alles haben kann. Aber das ist definitiv nicht wahr. SELBSTVERSTÄNDLICH kann man alles haben. Ich kann mit und ohne großes Haus, mit und ohne kostspieligen Wagen, mit und ohne Geld glücklich sein. ICH entscheide das und niemand sonst. Es gibt Millionäre, die wesentlich glücklicher sind als arme Menschen, die sehr spirituell sind. Und auf der anderen Seite gibt es auch spirituelle Menschen, die glücklicher sind als materialistisch eingestellte Menschen. Was ich damit sagen will: Vergessen wir oberflächliche Verallgemeinerungen und machen uns endlich klar, dass WIR entscheiden, wie glücklich unser Leben zu sein hat.

Für gewöhnlich denken viele Menschen, nur weil sie weniger Geld als ein „Karl Krösus" haben, sie seien ihm deshalb spirituell weit voraus. Das KANN sein, MUSS aber nicht zwingend sein, denn das Eine hat mit dem Anderen nichts zu tun. Man sollte sehr darauf achten, nicht in Extreme zu verfallen. Der Glaube, ein Leben in Armut verbringen zu müssen, ist genauso schädlich wie der Glaube, man sei mit Geld mehr wert. Jeder Mensch, ob wohlhabend oder bettelarm, kann durchaus spirituell sein. Buddha lebte einst unter Asketen. Dies war das andere Extrem, denn Buddha kannte als reicher Königssohn auch die gegenteilige Seite. Als Buddha schließlich erkannte, dass auch bei den Asketen Ärger, Zorn, Unzufriedenheit und eine gehörige Portion Ego vorhanden waren, pendelte er sich in die goldene Mitte ein. Sein Leben meistern kann man nur mit Liebe zu ALLEM-WAS-IST. Unter „Leben meistern" verstehe ich die Fähigkeit, die Materie zu beherrschen. Und das geht nur, wenn ich nicht besessen bin von ihr (Geld, Sex usw.), sie aber auch nicht vollends ablehne. Es geht dabei, die goldene Mitte zu finden. Unsere Welt ist nun einmal materiell, wir haben einen materiellen Körper und wir erschaffen materielle Lebensumstände mittels unserer Schöpferfähigkeiten.

Halton wir uns bltte auch immer vor Augen, dass es im Leben immer einen energetischen Ausgleich geben sollte. Das gesamte Leben besteht aus Geben und Nehmen. Geben und nehmen (oder auch: empfangen) sind keine Gegensätze, nein, diese beiden Aktivitäten ergänzen sich so wie das Ein- und Ausatmen, sie bilden ein harmonisches und natürliches Miteinander, einen perfekten, frei fließenden Kreislauf. Ich kann nichts geben, wenn niemand etwas annehmen will. Und annehmen kann man wiederum nur dann, wenn jemand etwas gibt. Beides geht ohne das andere nicht. Deshalb ist beides gleich bedeutend. Für mich sind Geben und Nehmen eins. Vergessen wir auch nicht: Wenn man uns etwas geben will, dann geht das nur deshalb, weil unsere Schwingung auf „Empfangen" eingestellt ist. Wäre das nicht der Fall, dann würde niemand auf die Idee kommen, uns etwas geben zu wollen. Also nur keine Scheu beim Annehmen von Geld.

Natürlich ist Geld nicht alles und man sollte seine Identität keinesfalls über seinen finanziellen Besitz definieren. Geld sollte nicht überbewertet werden, indem man es als die höchste Priorität im Leben ansieht und dabei andere wesentliche Dinge wie seine geistige Entwicklung oder seine Gesundheit vernachlässigt, aber man sollte es auch nicht unterbewerten. Das Materielle hat seine Daseinsberechtigung, denn es gehört zur Schule des Lebens. Und wenn wir das Leben mit all seinen Facetten nicht annehmen, trennen wir uns vom Leben – das ist so, als würde man einen Baum entwurzeln und ihn von der Erde trennen. Das Leben besteht aus vielen verschiedenen Aspekten und genau das macht das Leben aus. Fest steht: Geld gibt uns in vielen Bereichen die Freiheit, das zu tun, was man ohne Geld oftmals nicht tun kann. Es verlangt uns viel mehr Kraft ab, in Armut als in Reichtum zu leben. Allein schon ein Leben ohne finanzielle Sorgen ist gleich um ein Vielfaches lebenswerter.

Eine der gängigsten Sichtweisen ist, dass es auf der einen Seite materiell und auf der anderen Seite spirituell ausgerichtete Menschen gibt. Die meisten Menschen zählen sich entweder zur einen oder zur anderen Gruppe. Ich kann solch einer Sichtweise nichts abgewinnen, denn sie ist eine Spaltung, eine Trennung des großen Ganzen. Nimmt man es ganz genau, ist der Mensch beides: Materialistisch UND spirituell. Vergessen wir bitte nie, dass alles eins ist und dass alles aus derselben Quelle stammt – das gilt auch für Geld. Wenn alles eins ist, dann gilt das immer, überall und für alle und alles. Ist es z.B. möglich, eine Welle im Ozean zu isolieren? Keineswegs, denn sie sind eins. Wie schaut es mit dem Menschen aus und den beiden Sichtweisen „spirituell" und „materialistisch"? Der Mensch als Ganzes vereint beides in sich. Kein Mensch auf Erden ist zu 100% reine Spiritualität oder reine Materie. Er ist eine göttliche Kombination von beidem und beides sind Teile EINES Kontinuums, so wie zwei Seiten von ein- und derselben Münze. Ich bemühe mich, Dinge wie Materialismus/Geld und Spiritualität nicht voneinander zu trennen, da jede Trennung auch den Menschen innerlich spaltet und er dadurch das innere Gleichgewicht verliert. Und je mehr Menschen im Inneren gespalten sind, umso gespaltener ist die Menschheit. Darum genieße die Fülle, die Dir das Universum anbietet und nimm sie dankbar an. Nachfolgend habe ich eine Affirmation für Dich, die jeder Mensch in Selbstliebe täglich mehrfach anwenden sollte:

Ich darf ICH sein.
Ich darf glücklich sein.
Ich darf reich sein.
Ich darf erfolgreich sein.
„Ich erlaube mir frei, reich, glücklich und erfolgreich zu sein"

**Alles im Universum braucht ein Gleichgewicht, deshalb achten wir darauf, dass die Bilanz von Geben und Nehmen ausgeglichen ist! Wende Dich deshalb nicht von Geld oder materiellen Gütern ab, aber wende Dich von negativen Gedanken ab und denke stattdessen lichtvoll.
Dann ist Geld kein Fluch, sondern wird zum Segen.**

Der Weg zum Erwachen

Gedanken sind im Kopf und der Kopf ist im Bewusstsein. Wenn der Kopf eines Tages vergeht, ist das Bewusstsein immer noch da. Doch stellt sich die Frage: Auf welcher Stufe befindet sich das Bewusstsein? Dazu sollte man wissen, dass es, vereinfacht dargestellt, fünf Stufen auf dem Weg zum Erwachen gibt:

Erste Stufe
Wenn wir uns darin üben, keine negativen Handlungen zu begehen und uns in alle Arten von heilsamen Handlungen üben, können wir leicht die erste Stufe erlangen. Die erste Stufe vollenden wir, wenn alle negativen Handlungen aufgelöst sind, alle Arten von heilsamen Handlungen korrekt praktizieren, unseren Körper in der ersten Stufe aufrecht halten und dabei Freude empfinden können.

Zweite Stufe
Wenn wir die erste Stufe vollendet haben, erlangen wir durch diszipliniertes und kraftvolles Üben die zweite Stufe. Die zweite Stufe ist vollendet, wenn wir nicht mehr unseren Gefühlen nachgehen, analysieren und ausdrücken wollen, und dabei Freude empfinden.

Dritte Stufe
Durch diszipliniert kraftvolles Üben der zweiten Stufe erreichen wir die dritte Stufe. Diese ist vollendet, wenn wir unsere Leidenschaften losgelassen haben.

Vierte Stufe
Durch diszipliniertes Üben der dritten Stufe erlangen wir die vierte Stufe. Diese ist vollendet, wenn unsere Gedanken zur Ruhe gekommen sind und wir dabei Freude empfinden.

Fünfte Stufe
Durch das Praktizieren der vierten Stufe, erlangen wir die fünfte Stufe. Diese ist vollendet, wenn wir aus der Ruhe klare Einsicht erlangen.

Im Buddhismus gibt es das Mantra „gate, gate, parasamgate, bodhi swaha", welches übersetzt bedeutet: „Gegangen, gegangen, darüber hinaus gegangen." Es ist der Aufruf, sich ständig weiter zu entwickeln und nicht auf einer Bewusstseinsstufe stehen zu bleiben. Das Leben wird vorwärts gelebt und fordert uns auf, unseren Horizont stetig zu erweitern. Auf jeder Stufe weiter erhält das Leben eine neue, schönere Farbe. Damit ist jedoch nicht gemeint, die eigene Erdung zu verlieren. Viele „Hardcore-Esoteriker" denken, sie stehen „über den Dingen" und versuchen (vergeblich), dem Menschsein zu „entfliegen" und verlieren so den Boden unter den Füßen. Dabei sind wir alle als Menschen inkarniert und deshalb ist es wichtig, tapfer und konsequent durch das Menschsein hindurch zu gehen, wie durch einen Tunnel. Und am Ende des Tunnels sind wir aus der Dunkelheit raus und befinden und (wieder) im Licht.

Wichtig ist gelebte Spiritualität im Alltag. Natürlich kann man in der stillen Abgeschiedenheit der Natur oder eines Tempels große spirituelle Fortschritte erreichen, aber ob man wirklich reif ist, zeigt sich erst dort draußen in der Welt, mit all ihrem Lärm, Druck und unendlich vielen Ablenkungen. Erfahrungen mit höheren Ebenen stärken uns und warten darauf, sich im Umgang mit anderen Menschen zu bewähren. Das Licht, welches wir in uns finden, sollte immer in die Welt getragen werden und nicht ausschließlich auf die Abgeschiedenheit einer einsamen Bergspitze genossen werden.

Es gibt unzählige selbst ernannte erleuchtete Menschen, die zwar viel Wissen in sich tragen, die sich jedoch von der Liebe weit entfernt haben. Wir sollten immer darauf achten, uns selbst von der Seite zu beobachten und den Kontakt zur Göttlichen Seele suchen. Der Weg zum Erwachen ist der Weg der Selbstverwirklichung, eine Reise, um sich selbst zu finden. Und je mehr wir uns mit unserem Selbst befassen, desto größer ist die Wahrscheinlichkeit des Aufsteigens und des „Reifwerdens". Was bedeutet Reife? Für mich persönlich bedeutet es, dass man sich selbst verwirklicht hat, dass man wie ein Samenkorn seinen Weg – Stufe für Stufe - gegangen ist und schließlich erblüht.

Für die meisten Menschen ist Erwachen kein dauerhafter Wandel, sondern wiederholt sich viele Male, bis sich ein radikaler, permanenter Wandel einstellt. Aber auch der ist nicht das Ende, sondern wirklich erst der Anfang der eigentlichen spirituellen Reise und des inneren Wachstums. Während dieses Prozesses, der bei jedem Menschen individuell verläuft, erkennt man, Wesentliches von Unwesentlichem zu unterscheiden. Man ist dann in der Lage, das SEIN vom Schein zu trennen. Um ein konkretes Beispiel zu nennen: Man erkennt, dass z.B. der Tod nur eine Illusion ist, dass unser derzeitiger Erdenauftritt nur eine Theaterbühne darstellt und wir darin eine Rolle spielen, diese Rolle aber nur einen Bruchteil unseres wahren Wesens ausmacht. Wir regen uns nicht mehr über Dinge auf, die es nicht wert sind, dass man sich über sie aufregt. Wir erkennen, dass in der Illusion alles vergänglich ist (Menschen, Sachwerte, unser Körper) und dass es unnütz ist, an Dingen oder anderen Menschen festzuhalten.

"Eines Tages wird man offiziell zugeben müssen, dass das, was wir Wirklichkeit getauft haben, eine noch größere Illusion ist, als die Welt des Traumes."
Salvador Dali

Wir sehen, dass wir uns in einer Entwicklung befinden und diese zu unserer Natur gehört, ohne dass wir sie mit einem Plan bzw. einer festen Absicht zu verfolgen haben. Erwachen hat nichts mit Ehrgeiz zu tun, es geht auch nicht um leistungsorientiertes Denken und auch nicht um Zielstrebigkeit. Es geht darum, das Leben zu erfühlen, es mit jeder Faser seines Seins auszukosten, es nicht zu bewerten. Wir lassen unseren Ehrgeiz los, sind voll und ganz präsent, und spüren: WIR LEBEN. Und das Erwachen geschieht irgendwann, ohne dass wir es geplant und vorbereitet haben. Wie wichtig die Absichtslosigkeit ist, verdeutlicht uns folgende Geschichte:

Ein junger Mann suchte einen Zen-Meister auf und fragte ihn: „Meister, wie lange wird es dauern, bis ich das Erwachen erreiche?"
Der Meister antwortete: „Vielleicht zehn Jahre."
„Und wenn ich mich besonders anstrenge, wie lange dauert es dann?" fragte der Schüler.
„In dem Fall kann es zwanzig Jahre dauern", erwiderte der Meister.
„Ich nehme aber wirklich jede Härte auf mich. Ich will so schnell wie möglich ans Ziel gelangen", beteuerte der junge Mann.
„Dann", entgegnete der Meister, „kann es bis zu vierzig Jahre dauern."

Ein wirklich weiser Mensch versucht nicht zwanghaft, die Welt nach seinen Vorstellungen zu formen, nein, er erkennt, was das Leben / die Göttliche Seele durch ihn zum Ausdruck bringen will. Er ist in Einklang mit sich selbst und so weiß er intuitiv, durch die Verbindung zur Göttlichen Seele, was er als nächstes tut. Und all das, was er im Namen des Lebens und der Liebe tut, ist dann automatisch zum Wohle aller.

Die Raupe war von Entstehung an die Vorbereitung auf den Schmetterling, auch wenn sie sich dessen nicht bewusst ist. Und auch wir Menschen erleben eine Entwicklung, an deren Ziel die bedingungslose Liebe steht.

Die Welt verändern

Viele Menschen stellen sich vor, das Paradies sei ein weit entfernter Ort irgendwo im Himmel oder in einer anderen Dimension. Ich sehe das anders, denn für mich befindet es sich in uns – sofern wir selbst dafür sorgen. Was ich damit sagen will: Die Menschheit strebt seit Jahrtausenden ins Paradies, doch um es zu erreichen, muss man es zuerst IN SICH schaffen. Erst wenn wir innerlich für himmlische Zustände sorgen, kann sich die Welt dort draußen zum Guten ändern.

> *„Wir müssen selbst die Veränderung sein,*
> *die wir in der Welt sehen wollen."*
> Gandhi

Manche Menschen wollen die Welt retten, haben aber ihr eigenes Leben nicht im Griff. Wer sich zu sehr auf das TUN in der Außenwelt konzentriert, übersieht, dass alles Äußere zuerst im Geist, IN UNS entsteht. Es gibt für alles, was man macht, einen Anfang. Und der Anfang für uns sind immer wir selbst. Wir sind für uns selbst immer der nächstgelegene Zugang zum Leben, WIR sind FÜR UNS der Dreh- und Angelpunkt, die Startlinie, der Ausgangspunkt. Im Osten galt schon immer die Prämisse: „Heiler, heile zuerst dich selbst. Das wird das Kriterium sein, ob du es auch bei anderen vermagst." Mit anderen Worten: Solange man mit sich selbst nicht im Reinen ist, wird man anderen nur sehr oberflächlich helfen können.

> *„Sorge zuerst für das Königreich des Himmels in dir*
> *und alles andere wird dir hinzugegeben."*
> Jesus

Das Innere ist die Ursache, das Äußere die Wirkung. Verfalle deshalb nicht der Illusion, Du könntest zuerst die Welt retten und erst danach Dich selbst. Das ist die falsche Reihenfolge und – da die Welt unser Inneres nur spiegelt - reine „Spiegelputzerei". Wenn unser eigenes inneres Haus unaufgeräumt ist, wie sollte man da in der Lage sein, ein noch größeres Chaos, das Chaos in der Welt, in Ordnung zu bringen?

Ein Mensch, der selbst karmisch noch nicht gereinigt ist und voller innerer Zwiespälte und Probleme steckt, und der versucht die Probleme in der Welt zu lösen, kreiert schlussendlich nur noch mehr Probleme. Vergessen wir hierbei bitte nicht, dass alle Schwierigkeiten, die wir in unserem näheren Umfeld bemerken, uns signalisieren, dass es etwas IN UNS zu lösen gibt. Bringen wir deshalb zuerst unser Inneres in Ordnung durch Karma-Ablösung. Wir springen ja auch nicht ins Wasser, um jemanden vor dem Ertrinken zu retten, bevor wir nicht selbst schwimmen gelernt haben.

Und vermeiden wir unsere Selbstheilung nicht ständig damit, indem wir Entwicklungshelfer für den Rest der Welt spielen wollen und uns somit nur von uns selbst ablenken. Ich halte grundsätzlich nichts davon, anderen Menschen meine Überzeugungen aufzudrücken, nein, ich lebe mein Leben und arbeite an mir. Und wenn mein Leben dadurch mehr Glück ausstrahlt, wird das von anderen wahrgenommen. Ein jeder von uns kann seinen Mitmenschen authentisch was vorleben und ein lebendes Beispiel geben. Das wird weitaus mehr bewirken als äußere Versuche und Anstrengungen, die Welt zu ihrem Glück zu zwingen. Wenn wir das Gefühl haben, dass die Welt von herzlosen Menschen dominiert wird, dann sollten wir nicht gegen sie in den Kampf ziehen, da sonst auch wir früher oder später zu herzlosen Wesen mutieren würden. Indem man das Übel mit Übel bekämpft, ist niemandem geholfen. Es wäre absolut kontraproduktiv, auf dieser Basis zu versuchen, die Welt zu verändern. Besser ist es, nicht selbst zu einem Teil des Problems zu werden und stattdessen für mehr Herzwärme / Herzenergie in der Welt zu sorgen. Wenn das immer mehr Menschen so handhaben, stirbt das Problem in absehbarer Zeit von alleine aus. Je mehr Menschen sich von karmischen Verstrickungen frei gemacht haben und somit in der Lage sind, ihr Lebensglück zu verwirklichen, umso schneller ist die kritische Masse erreicht, so dass auch der Rest der Menschheit motiviert nachfolgen kann. Das lebende Beispiel ist dabei die Inspiration. Wenn jeder vor der eigenen Haustüre kehrt, sind irgendwann alle Gassen sauber und ordentlich. Es war schon immer so, dass Menschen weniger das lernen, was andere ihnen sagen, denn Worte sind eine Sache, aber tatsächlich verhält es sich so, dass Menschen sich mehr davon inspirieren lassen, was andere ihnen VORLEBEN.

Je stärker und positiver unsere Ausstrahlung bzw. Schwingung ist, desto mehr nimmt man uns zur Kenntnis, desto mehr leben wir anderen Menschen vor, wie sehr man sein Leben genießen kann, und desto mehr Menschen bringen wir dazu, es uns gleichzutun. Wenn Du z.B. nicht willst, dass die Menschen streitsüchtig sind, dann sei selber nicht streitsüchtig, wenn Du Dankbarkeit verlangst, dann sei selber dankbar, wenn du Liebe erwartest, dann sei selber liebevoll. Betrachte die Arbeit an Dir selbst als einen Akt der Selbstliebe und als Deinen Beitrag an die gesamte Menschheit auf dem Weg zu einem schöneren SEIN.

Soll das bedeuten, dass jedwede Aktion im Außen bedeutungslos ist? Mitnichten. Ich finde, dass Buddha uns bei dieser Sache einen unbezahlbaren Rat gibt:

„Lebe voller Freude und Frieden, selbst unter jenen,
die sich quälen."
Buddha

Damit wird uns gesagt, dass man nicht erst die Welt ändern muss, um selbst glücklich zu sein. Das sollte nicht die Voraussetzung sein, um das Leben zu genießen. Es bedeutet aber auch nicht, dass wir anderen nicht helfen sollen. Was bedeutet es dann? Dass wir, wenn wir in uns disharmonisch sind, anderen Menschen nicht wirklich helfen können. Die beste Möglichkeit anderen zu helfen besteht darin, zuerst sich selbst von Disharmonie frei zu machen.

> **Alles in unserem Leben beginnt bei uns selbst. Wenn Du die Welt verbessern willst, dann starte bei Dir selbst, denn dort und nirgends sonst ist der richtige Ansatzpunkt.**

Triff eine Entscheidung

"Sei dazu entschlossen und die Sache ist getan."
Konfuzius

Tatsache ist, dass jeder von uns aus einem unglücklichen Leben ausbrechen kann, um sich dank Karma-Ablösung das Leben seiner Träume zu erschaffen. Vor alledem steht die handfeste und unmissverständliche Entscheidung, das ganze Leben in ein reines „Glücksabenteuer" zu verwandeln.

Ich weiß nicht, wie es bei Dir ist, lieber Leser, aber wenn ich nicht weiß, wie es weiter gehen soll, liege ich morgens erschöpft und müde im Bett. Ich bin zwar wach, aber will nicht so recht aufstehen, weil ich nicht weiß, was ich tun soll. Mein Fokus ist „gesplittet", aufgeteilt und geht in zig verschiedene Richtungen. Sobald ich aber eine Entscheidung getroffen habe, unabhängig davon, wie leicht oder wie schwer sie umzusetzen ist, fühle ich neue Kraft in mir, fühle ich, wie die Energien mich durchströmen und bin glücklicher.

*"Ich denke, dass der Sinn des Lebens darin besteht,
glücklich zu sein."*
Dalai Lama

Glück und Freude sind die Grundlage des Lebens, sie sind ihr Sinn. Und das resultierende innere Wachstum ihr Ergebnis. Viele Menschen arbeiten viel und sind stolz auf ihre sogenannte „Leistung", doch sie empfinden bei alledem wenig oder keine Freude. Sie opfern ihr Glück für ihren beruflichen Fortschritt. Es kann aber nie von Fortschritt die Rede sein, wenn man innerlich unglücklich wird. Dies ist kein Fortschritt, es ist ein Rückschritt. Und vor diesem Hintergrund hat jeder von uns jeden Augenblick die Wahlfreiheit, sich zu entscheiden, was für ein Leben er führen will. Wenn er innerlich wegen karmischer Mauern unglücklich ist, dann muss das nicht so bleiben. Es ist nur eine Frage der bewussten Entscheidung, ob man alles so lässt, wie es ist oder bereit ist für Veränderungen. Es bleibt jedem selbst überlassen, ob er sein Karma ablösen lässt oder nicht.

„Nur eine bewusste Entscheidung für das Wichtige verhindert eine unbewusste Entscheidung für das Unwichtige."
Stephen R. Covey

„Ich will gesund sein, aber ich bin nicht entschlossen, etwas dafür zu tun. Ich will eine glückliche Partnerschaft, aber ich bin nicht entschlossen, etwas dafür zu tun. Ich will erfolgreich in meinem Beruf sein, aber ich bin nicht entschlossen, etwas dafür zu tun." So eine Einstellung bringt uns nicht wirklich weiter, ganz im Gegenteil, sie macht uns unglücklich.

„Du wirst das Meer nicht überqueren, wenn du nur ins Wasser starrst."
Rabindranath Tagore

Es geht also darum zu unterscheiden zwischen einem VORSATZ und ENTSCHLOSSEN SEIN etwas zu tun. Das Eine ist nur ein Lippenbekenntnis, das Andere ist eine klare Entscheidung, es ist etwas Konkretes, etwas Verbindliches, wie ein Vertrag mit sich selbst, etwas Greifbares, das uns von jeder anderen Alternative abschneidet. Jeder von uns kennt den Startruf: „Auf die Plätze, fertig, los". Die meisten Menschen befinden sich zwar in der Startposition, doch sie starten nie. Stattdessen verharren sie jahrelang in dieser Haltung, warten auf bessere Zeiten, günstigere Bedingungen, hoffen darauf, dass sie „entdeckt" werden oder denken, sie müssten sich noch besser vorbereiten, bevor sie endlich loslegen. Und so bleibt durch diese Untätigkeit alles, was man sich vorgenommen hat, nur ein Traum, der nie Wirklichkeit wird. Meine Empfehlung: Warten wir nicht auf die Erlaubnis von anderen Menschen, auf Perfektion oder ein günstiges Horoskop, sondern trauen uns den ersten Schritt voller Vertrauen ins Leben JETZT zu machen. Wahre Entschlossenheit, die übrigens eine der sieben transzendenten Eigenschaften aus dem tibetanischen Buddhismus ist, entspringt dem Herzen und kann es kaum erwarten, das Anvisierte Schritt für Schritt zu verwirklichen. Jeder einzelne Schritt dabei ist das reinste Vergnügen und wird nicht als lästige Arbeit empfunden. Eins ist klar: Ein Mensch, der sich mit seinem ganzen Sein für eine Sache entscheidet und diese mit aller Entschlossenheit lebt, der wird laut den kosmischen Naturgesetzen zu einer unglaublich stark schwingenden Machtquelle. Lasse Dich, ganz gleich, in welcher Lage Du Dich gerade befindest, niemals entmutigen.

> *"Niemand beging einen größeren Fehler als jener,*
> *der nichts tat, weil er nur wenig tun konnte."*
> Edmund Burke

Du kannst Dich ärgern, Du kannst traurig sein, Du kannst verzweifelt sein, Du kannst arm sein, Du kannst Dich klein und machtlos fühlen, Du kannst Angst haben, Du kannst kraftlos sein und Du kannst andere Menschen hassen – aber DU MUSST DAS NICHT!!! Du kannst Dich auch dazu entscheiden glücklich zu sein, zu lachen, Spaß zu haben, reich zu sein, mutig durchs Leben zu schreiten, selbstbewusst zu sein, Dich groß und stark zu fühlen, voller Energie zu sein, Dich und die Welt zu lieben, Grenzen zu überwinden, Ziele zu erreichen und voller Tatendrang zu sein, denn NUR DU ENTSCHEIDEST!!! Die Wahl liegt immer einzig und allein bei Dir!!! Ich kann Dir nur raten: Befreie Dich von Deinem Karma und Du wirst die Welt, Dein Leben und Dich selbst danach kaum wieder erkennen. Plötzlich wird die Sonne wärmer und heller, die Blumen blühender und einladender, das Gezwitscher der Vögel schöner und das Grün in der Natur intensiver. Man ist nicht mehr derselbe wie zuvor, man ist einfach nur glücklich und Glücklichsein bedeutet, dass man unmittelbar am Leben teilnimmt und der ganzen Welt eine neue, harmonische Qualität gibt. Und je mehr Menschen sich fürs Glück entscheiden, umso glücklicher ist die ganze Welt.

Nun, lieber Leser, nachdem Du weißt, wie sehr das Karma unser derzeitiges Leben beeinflusst und was man dagegen und was FÜR ein glückliches Leben tun kann, liegt es an Dir, was Du aus diesem Wissen machst. Jedenfalls ist kein Leben verurteilt, so zu bleiben, wie es gerade ist. Spätestens seit diesem Buch weißt Du, dass niemand von uns ein Opfer der Umstände oder etwas anderem ist – außer mit seinem Einverständnis, denn da man etwas unternehmen kann, muss man ja kein Opfer bleiben. Unser aller Ziel sollte sein, uns immer so schnell wie möglich wieder gut zu fühlen und glücklich zu sein. Frage Dich selbst: Was willst Du sein? Glücklich oder unglücklich?

„Immer wenn ich morgens aufwache, stehe ich vor der Entscheidung, ob ich glücklich oder unglücklich sein will. Und ich entscheide mich regelmäßig fürs Glücklichsein."
Diogenes

Um was für ein Ziel es sich auch handelt, der Weg dorthin ist immer der gleiche, nämlich der über die Straße der Entschlossenheit.

Nachwort

Lieber Leser,

damit sind wir beim Nachwort angekommen und es erfüllt mich mit großer Freude, dass Du mir für 172 Seiten Deine Aufmerksamkeit geschenkt hast. Ich habe mein Bestes gegeben, um Dir vor Augen zu führen, welche Glücksblockade das Karma in unser aller Leben darstellt und wie wichtig es ist, sich davon zu befreien. Ich hoffe, ich konnte alles so leicht und verständlich wie möglich erklären.

Wichtig ist mir Folgendes zu betonen: Eine Million Worte ersetzen keine einzige selbst gemachte Erfahrung. Wichtig ist es das im Buch Geschriebene nicht nur intellektuell aufzunehmen und es zu einem „philosophischen Wissen" zu machen, sondern dieses Wissen von der Theorie in die Praxis mitzunehmen, die Dinge selbst erfahren, damit sie existenziell werden. Darum verstehe dieses Buch als den halben Weg, welcher Dir das Wissen und die Motivation verschaffen soll. Der restliche Weg besteht darin, das im Buch Gelesene umzusetzen. Weisheiten ohne Anwendung sind nur in den Wind gesprochene Wörter. Einen Meister des Lebens erkennt man weder an seinen Fähigkeiten noch an seinem Wissen, sondern nur an seinen Taten, an seinen „Früchten". Erst dann kann ihr Zauber sich entfalten. Wenn wir vor einer Tür stehen, öffnet sie sich schließlich auch nicht von alleine.

„Glück ist nichts Fertiges.
Es entsteht aus deinen eigenen Handlungen."
Dalai Lama

Frage Dich selbst: Was ist schöner? Sich das Meer nur anzusehen oder darin zu schwimmen? Stell Dir im übertragenen Sinne das Leben als

Meer vor. Es will, dass Du darin eintauchst und Bewegung ins Spiel bringst. Ich selbst betrachte mein Leben als das Werk einer Künstlerin. Stell auch Du Dir vor, Du wärst ein talentierter Bildhauer oder Maler. Dein größtes Werk soll Dein Leben sein. Du willst stolz darauf zurück blicken und mit Deinem Werk zufrieden sein. Nutzen wir unsere wertvolle Lebenszeit effizient und verlieren sie nicht damit zu glauben, es gäbe etwas, was wir nicht schaffen können, wenn wir frei sind von karmischen Verstrickungen. Wir alle tragen das Energiepotenzial in uns, um alle unsere Ziele zu erreichen. Kein einziges Ziel muss unerreicht bleiben. Sage genau hier und jetzt laut zu Dir: **„Ich lebe das Leben meiner Träume. Alle Umstände sind völlig unerheblich, wenn ich mich von meinem Karma löse."** Verinnerliche Dir diese Wahrheit bitte täglich: Wir können alle ein gesünderes Leben, einen besseren Job, eine schönere Wohnung, ein größeres Haus, eine glücklichere Beziehung und mehr Freizeit haben. Es spielt dabei überhaupt keine Rolle, ob wir reich oder arm geboren wurden, welche Hautfarbe, Konfession oder welches Geschlecht wir haben. Entscheidend dabei ist, das Karma loszulassen und eine positive Lebensweise zu kultivieren. Nur so können wir uns glücklich entwickeln (Ent-wicklung bedeutet zugleich „raus aus der karmischen Verwicklung").

Wir haben nun das Ende des Buches erreicht, aber zugleich kann es auch ein neuer, glücklicher Anfang in Deinem Leben sein – einem karmafreien Leben. Ganz gleich, wo Du auch stehen magst in Deinem Leben, der beste Platz, um Dein Leben auf Glück und Harmonie auszurichten, ist der Platz, an dem Du derzeit stehst.

Was bleibt mir zum Schluss noch zu sagen? Wenn dieses Buch nur einem einzigen Menschen auf der Welt neue Wege zu mehr Lebensglück offenbart hat, so hat sich das Schreiben mehr als gelohnt.

An dieser Stelle verabschiede ich mich von Dir und hoffe, dass mein Buch bei Dir eine glücklich machende Wirkung hinterlassen hat. Mögest Du alle Deine Ziele erreichen.

Licht und Liebe
Herzlichst

Dragica

> „Man sagt, morgen sei Neujahr. Punkt 24 Uhr sei die Grenze zwischen dem alten und dem neuen Jahr. Aber so einfach ist das nicht. Ob ein Jahr neu wird, liegt nicht am Kalender, nicht an der Uhr. Ob ein Jahr neu wird, liegt an uns. Ob wir es neu machen, ob wir neu anfangen zu denken, ob wir neu anfangen zu sprechen, ob wir neu anfangen zu leben."
> (nach Johann W. Wilms)

Hinweis

Das Buch dient der **Selbstentfaltung** und ist **in keinem Fall Ersatz** für einen Besuch beim **Arzt, Heilpraktiker oder Psychotherapeuten, verordnete Medikamente oder Therapien**. Bei allen physischen / psychischen Beschwerden empfehlen wir **generell** den Besuch eines Arztes / Heilpraktikers! Ebenso wollen und können wir dem Leser nicht die Verantwortung für sein Leben abnehmen - deshalb bitten wir jeden, **sich selbst ein Bild zu machen** und **seiner eigenen Wahrheit zu folgen** in voller **Eigenverantwortung** und **Konsequenz**.

Rechtlicher Hinweis: Die vorgestellte Methode in diesem Buch ist wissenschaftlich nicht nachgewiesen; die energetischen Testverfahren, mit denen sie nachweisbar sind, werden von der Wissenschaft nicht anerkannt.

Haftungsausschluss: Mit dem Kauf dieses Buches werden die Autoren von jeglicher Haftung für etwaige Handlungen, die sich im Zusammenhang mit dem Lesen des Buches oder deren Konsequenzen ergeben, freigestellt.

Webseitenverzeichnis

http://www.schoolofmiracle.com

http://www.bewusstseinszentrum.de

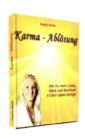
Was ist Karma? Was bewirkt die Karma-Ablösung? Dragica Alsalk berichtet, wie sie ihr eigenes Leben sowie das anderer Menschen wieder auf "Glückskurs" ausrichtete, indem sie das anhaftende Karma ablöste. Wenn Du einer jener Menschen bist, die viel gegen ihr Leid unternommen haben, aber im Leben trotzdem nicht glücklich und gesund wurden, deutet es sehr darauf hin, dass schlechtes Karma bei Dir im Spiel ist.

Reinigung und Zellaktivierung /
Organreinigung Teil 1/2

Gehirn- und Lichtkörperaktivierung /
Organreinigung Teil 2/2

Trennung der Urblockaden und
Existenzängste / Chakrareinigung

Unsere Aura-Sprays werden aus hochwertigen Ölen und diversen anderen natürlichen Zusatzstoffen hergestellt.
Durch die Feinsprühung verteilt sich die Essenz in der Aura gleichmäßig. Sie wirkt reinigend und aufbauend zugleich.
(Erhältlich in Rose und Jasmin)

Alle Produkte sind in unserem Shop erhältlich:
Tel: +49 2433-952913 / http://www.schoolofmiracle.com/shop/

Engelbilder gemalt von meiner Tochter Desirée
Erhältlich als Original, DIN A4 oder Postkarte

Interview mit Dragica Alsalk auf www.spiritunlimited.de

Die Interview-Plattform „SPIRIT UNLIMITED", welche sich mit den Themen GLÜCK, GESUNDHEIT, PARTNERSCHAFT, SPIRITUALITÄT und vielem mehr befasst, konnte zahlreiche bekannte Persönlichkeiten wie z.B. Dieter Broers, Kurt Tepperwein, Rüdiger Dahlke, Manfred Mohr, Robert Betz und Pierre Franckh als Interviewpartner gewinnen.

Hier ist der Link zum Interview mit Dragica Alsalk zum Thema Karma-Ablösung:

http://tinyurl.com/spiritunlimited

Das Interview mit Dragica ist gleich neben dem Interview mit Kurt Tepperwein

Buchempfehlung:

Raus aus der Krise, rein ins Glück

„Wer kennt nicht das Gefühl, in einer ausweglosen Lage festzustecken? Jeder von uns hat in seinem Leben schon ein- oder mehrere Male Lebenskrisen in Form von seelischen/körperlichen Verletzungen, emotionalem Stress, Krankheit oder finanzieller Armut erlebt. Ich selbst kann davon ein Lied singen. Bei mir war es in nahezu jedem Lebensbereich so, als sei meine ganze Welt untergegangen. Ich war absolut fest davon überzeugt, dass meine Krise unlösbar ist und ich meine Lebensumstände nicht ändern kann. Heute weiß ich aufgrund meines bisherigen Lebens, dass dem nicht so ist. Ich bin der lebende Gegenbeweis!!! Mein Buch soll Dir anhand bewährter Techniken dabei helfen, Deine persönliche Krise zu meistern, sie als optimalen Ausgangspunkt für positive Veränderungen zu erkennen und als Sprungbrett für ein neues, schöneres Leben zu nutzen. Zahlreiche motivierende Fallbeispiele werden Dich dabei unterstützen. Ich freue mich, meine Erfahrungen weiter geben zu können, um Dir in Deiner Krise beizustehen."

Goran Kikic
(Buchautor & Betreiber von Spirit Unlimited)

ISBN-10: 3848201615
Erhältlich in allen Onlineshops oder auf Bestellung im Buchhandel.

Rohkost vom Feinsten - La Haute Cuisine Crue

Unsere Absicht ist es, den interessierten Menschen zu einer höheren Lebensqualität zu verhelfen, mit gesundem Essen Freude zu bereiten, mit dem Ziel das Bewusstsein zu erweitern. Wem seine Gesundheit etwas wert ist, wer aktiv etwas für den Tierschutz tun möchte, wem Umweltschutz ein Anliegen ist, wer sein Bewusstsein über das eigene Wohl hinaus ausdehnen möchte, wer Mitgefühl und Verantwortungsbewusstsein hat, der liegt mit veganer Rohkost goldrichtig. In unseren Seminaren zeigen wir, wie dies funktioniert.

http://www.urshochstrasser.ch

Bilder vom Licht

An der Kirche 25
41189 Mönchengladbach
Tel: 02166-265391

http//:www.leiendecker.com

Bewusstseinszentrum - School of Miracle
Alsalk & Schadegg GbR, Venner Hof 37, D - 41836 Hückelhoven
Telefon: 02433 -952913 E-Mail: info@schoolofmiracle.com
http://www.bewusstseinszentrum.de
http://www.schoolofmiracle.com

Für die Gesundheit des Menschen. Ein Internetportal für Informationen zu den Themen Gesundheit, Ernährung und Naturheilkunde.
http://www.zentrum-der-gesundheit.de

Natürlich gesund und FREI leben.
Auswanderer-Familie Sundance zeigt, wie es auch anders geht!
Inspiration für die Familie von einer Familie mit 4 Kindern, die anders ist!
http://www.dierohkostfamilie.com

Vera Schott moderiert seit 2010 in Österreich das TV-Magazin „Zwischen Himmel und Erde". Sie möchte damit auf Menschen und Themen neugierig machen, die den Fokus auf eine andere, eine spirituelle Sichtweise richten.
http://tinyurl.com/rtvdigital

Riesige Sammlung von Weisheiten und Zitaten aus aller Welt und für jeden Anlass von Steffen Roschk, Berlin.
http://www.zitate.net